本项目受国家社会科学基金青年项目支持

（项目编号：18CKG015）

河南省文物考古研究院
学术文库乙种第31号

魂归邺西：曹操高陵研究

周立刚 著

科学出版社
北京

内 容 简 介

本书是曹操高陵考古发掘报告出版之后第一项关于曹操高陵的综合性研究成果。陵墓、陵园和陪葬墓等关键要素的完整考古面貌，曹操高陵相关研究的发展历程，各种质疑观点的真实情况，相关画像石、卞后墓葬和曹操 DNA 研究等问题的再分析，相关研究中的学术规范问题等，都在本书中逐一展现。其中陪葬墓等多项考古材料为首次公布，关于各类质疑观点的梳理分析也是首次尝试。希望通过这些成果，能够让学者和公众看到曹操高陵的完整面貌以及其从发现到研究的全过程，从而对其有一个更加科学、理性和全面的了解。

本书适合关注曹操高陵考古发现的社会公众、高校历史考古专业师生及相关领域科研人员参考、阅读。

图书在版编目（CIP）数据

魂归邺西：曹操高陵研究 / 周立刚著. —北京：科学出版社，2024.3
（河南省文物考古研究院学术文库；乙种第 31 号）
ISBN 978-7-03-078224-3

Ⅰ. ①魂… Ⅱ. ①周… Ⅲ. ①曹操（155-220）– 墓葬（考古）– 研究 – 安阳 Ⅳ. ① K878.85

中国国家版本馆 CIP 数据核字（2024）第 058241 号

责任编辑：王光明 / 责任校对：邹慧卿
责任印制：肖 兴 / 书籍设计：张 放

科学出版社 出版
北京东黄城根北街 16 号
邮政编码: 100717
http:// www.sciencep.com
北京汇瑞嘉合文化发展有限公司印刷
科学出版社发行 各地新华书店经销
*
2024 年 3 月第 一 版 开本：720 × 1000 1/16
2024 年 3 月第一次印刷 印张：13 插页：16
字数：297 000

定价：108.00 元

（如有印装质量问题，我社负责调换）

序

我一直比较关注河南安阳曹操高陵的考古工作，在田野发掘的不同阶段多次到现场考察，对相关研究的进展比较熟悉，先后发表了几篇论文，表达了学术观点。高陵考古发现公布十多年之后，河南省文物考古研究院周立刚博士完成了《魂归邺西：曹操高陵研究》这部综合性专著，并嘱请写序，在这里谈一下读后感和一些想法。

2010年初，即曹操高陵考古发现公布之后引起社会热议，当时我始终认为判断西高穴2号墓墓主为曹操的基本学术逻辑是：以考古、文献资料为基础，综合其他学科的知识得出的结论，完全具有科学性和合理性。

现在看来，科学解读和认识曹操高陵的考古、历史价值，仍然要继续注意这样几个问题。第一，需要从动态角度、发展变化的理念去解析理解曹操高陵相关的问题。当时社会上一些疑惑的产生，既来自每个人自己知识积累的历史局限性，也与考古工作进度以及资料公开发表程度有关。随着考古调查发掘的逐步深入和考古材料的整理与释读，公众心中的大量疑惑得以冰释。第二，曹操高陵确实具有"多面性"特征。例如，墓葬建构在规制上应当属于王制的级别，同时又掺杂了一些帝制的因素，需要从专业的角度去把握解读。第三，谈论历史上的薄葬与厚葬现象，既要考虑当时历史阶段的"政治尺度"和基本礼制约束，也不能简单依据“物质化”的表现骤下结论。第四，判断丧葬习俗上延续性和时代革新性的问题，一方面要斟酌曹操高陵一定程度上代表了汉文化之延续，另一方面曹丕称帝改制涉及高陵礼仪的增减乃至其后发生的合葬、陪葬行为，都表明了魏晋时期新文化因素的来临，不可不察。

因此，曹操高陵诸多考古和学术问题的解决，都经历了一个反复咀嚼、辩理深化的过程。考古发现公布之后，河南省文物考古研究院在已经发掘2号墓的基础上继续开展工作，数年里先后发现了陵园、陪葬墓等遗迹，并开展了部分发掘。结果证实了曹操高陵是一个由陵墓、垣墙、陵寝建筑和陪葬墓等组成的完整陵域体系，从而为进一步研究汉晋时期帝王陵墓制度演进提供了重要材料，也勾勒出汉魏时期文献记载曹操高陵陵园构建的历史场景，2号墓墓主是曹操的证据链条更加清晰准确。

周立刚博士作为曹操高陵考古项目的后期负责人，不但全程参与和负责陵园的田野考古工作，也一直在深度思考曹操高陵的相关学术问题，《魂归邺西：曹操高陵研究》正是其申报国家社会科学基金青年项目的结项成果。该著作有三个特点。其一是系统归纳了目前作者所见有关曹操高陵的考古材料及关联学术研究成果，将此前发表的考古材料包括墓葬本身和陵园诸多要素进行有效衔接。论述中将陵域内陪葬墓的发掘结果、陵园东北角墓葬的信息等新材料结合在一起，使得高陵的考古信息体系更加完善。立刚博士也有意追溯了1983年以来的相关研究历程，也便于读者了解曹操高陵发掘前前后后的考古信息导向，并去体味相关研究的跌宕起伏。其二是对各种“质疑观点”并不回避，而是逐个进行梳理并仔细分析，使读者对这些“疑问”获得更加理性的认识。其三是对几个关注度较高的学术问题，比如卞后墓葬、画像石和古人骨DNA分析等，结合考古材料进行了专门分析，提出自己的见解。这些观点虽然存在商榷的余地，但也能够启迪大家从不同角度进行辩证思考。

需要注意的是受各种客观条件限制，作者书中提到的陵园东北角发现的墓葬未进行田野发掘，相近西门豹祠遗址的考古工作也没有正式开展。同时对高陵陵园多次葬活动带来的遗迹和遗物所展示的差异化特征，也需要进行深入的分析，尤其是考古工作还需要继续加强。当然，这些设想和提问并不影响该成果的学术创新性，我认为该著作可以视为现阶段在曹操高陵考古研究中学术价值与科普价值契合度很高的一项成果，无论是对于研究该领域的学者还是关心该问题的社会大众，都应该具有吸引力。

值得欣慰的是历经十余年，经过各方面的努力，曹操高陵遗址博物馆已经于2023年正式开放，保护展示利用工作取得了重大进展。该书的出版，也标志着考古工作和相关研究进入到一个新的阶段。但是曹操高陵的考古研究工作并没有结束，希望河南省文物考古研究院和作者在田野考古和研究方面继续下功夫，争取取得更多成果。

郑州大学教授、博士生导师

韩国河

2024年2月6日

前言

东汉末年挟天子以令诸侯、闻名天下的曹操，大概不会想到1800多年之后自己又一次成为中国的焦点人物。而这一次大家关注和讨论的，不是他的雄才大略，也不是他的诗词文采，而是他的安息之所——墓葬。

2009年12月27日，河南省文物局发布了一项重要考古发现：位于安阳市西高穴村南部的被盗东汉大墓经考古发掘，确认为魏武帝曹操的高陵。这一发现引起的空前关注和热烈讨论，在百年中国考古学史上可谓史无前例。其后的一年多时间内，曹操墓三个字无疑是顶级流量密码，国内各大媒体，包括电视、报纸、杂志和网络媒体，都不同程度地参与了报道和讨论，任何一点相关消息都能随时跃上头条，引起热议。一边是来自全国各地的考古和历史学者不厌其烦地向公众解读这一考古发现的论证过程和学术价值，另一边是各种背景的“专家”“学者”咄咄逼人的质疑，甚至有人直指考古造假。“曹操墓真假之争”“曹操墓争议”因此也被多家媒体评为2010年度十大文化事件之一。

十余年之后，尽管很多年轻人已经淡忘这样一场曾经持续一年多的热点事件，但是它所造成的影响一直没有消失。在今天，尽管正式的考古简报和报告已经出版多年，提起曹操墓的考古发现，部分公众仍然会问到真假——曹操高陵的考古发现深入人心，首先不是因为它的重要价值，而是因为它引起的争议。正如有学者评述——科学这次在网民面前退却了，并没有取得“双赢”结局[①]。

① 胡洪琼. 从曹操高陵之争谈考古学公众化. 兰台世界, 2012 (15).

自1983年以来，先后有近百名学者对曹操高陵展开了深入研究，包括墓葬的位置、形制结构、时代特征、规格级别、墓主身份的判定、出土遗物的文化内涵及其体现的丧葬习俗等。遗憾的是并没有人对相关研究的全过程进行回顾和总结。学者们所看到的是发表在各类期刊或专著中的研究成果，公众所看到的是各类媒体上冠以惊悚标题的“质疑”或“揭秘”，考古成果与公众之间的那道高墙依然高高耸立。尤其是当年争议的几个焦点问题，如陪葬墓、卞后墓葬等，一直没有得到科学解答。因此相当数量的公众至今仍然对此考古发现抱有疑问。

韩国河教授在《动态解析曹操高陵》一文中指出：“随着考古工作的进一步深入，文献记载的汉魏时期曹操高陵陵园的诸多组成要素会逐渐浮现出来，曹操高陵的证据链条将更加清晰。”[②]2010～2017年，河南省文物考古研究院在曹操高陵周边持续开展了大规模的考古调查、勘探和系统发掘工作，先后发现了陵园、陪葬墓等重要遗迹。与此同时，围绕出土遗物、卞后墓葬、画像石等焦点问题的研究工作也在持续进行。在大家的不懈努力之下，正如韩国河教授所说，曹操高陵陵园的诸多要素逐渐被揭露，曹操高陵的历史和考古面貌也更加清晰。

② 韩国河. 动态解析曹操高陵. 中国社会科学报, 2010-9-7 (18).

本书是继考古发掘报告之后第一项关于曹操高陵的综合性研究成果。曹操高陵陵墓、陵园和陪葬墓等关键要素的完整考古面貌，自1983年以来学者围绕曹操高陵开展的研究，曾经搅动社会舆论的“质疑”观点的真实情况，一度被关注的画像石、卞后墓葬和曹操DNA研究等问题的再分析，曹操高陵研究中的学术规范讨论等，都将在本书中逐一展现。我们希望通过这些成果，能够让学者和公众看到曹操高陵的完整面貌以及其从发现到研究的全过程，同时引起大家对这一过程中出现的各种学术规范问题的思考。

有着运筹帷幄的谋略、也有着横槊赋诗之浪漫的曹操最终选择魂归邺西。自宋代以来，围绕他安息之所的各种谜团和传说一直流传。一千多年后的考古学者用手铲揭开迷雾，还原了历史的真相。

尽管目前关于曹操高陵的各种考古线索都已逐渐清晰，但是并不意味着相关研究已经圆满结束。本书最后列出了目前仍待解决的诸多曹操高陵考古学问题，这些也是今后考古工作的方向。随着田野和研究工作的继续，我们对于曹操高陵乃至汉魏时期帝王陵寝制度和丧葬礼仪的认识也必将取得新收获。

目录

第一章 曹操高陵陵墓

1. 地理位置及发现经过

曹操高陵位于河南省安阳市安丰乡西高穴村（原属安阳县，2016年划入殷都区代管）南部（图版1）。向东距离安丰乡北丰村西门豹祠遗址约7千米，向东北距离邺城遗址约14千米（图1），海拔105米。

2009年，河南省文物考古研究所对位于西高穴村南部被盗的东汉大墓（编号西高穴M2）进行了抢救性发掘，该墓葬随后被确认为魏武帝曹操之陵墓，即文献记载的高陵。2010年以来，陵墓周边先后发现了陵园和陪葬墓等遗迹（详见第二章）。本章关于高陵陵墓考古资料的介绍主要基于已发表的发掘报告《曹操高陵》[①]。

① 河南省文物考古研究院. 曹操高陵. 北京: 中国社会科学出版社, 2016.

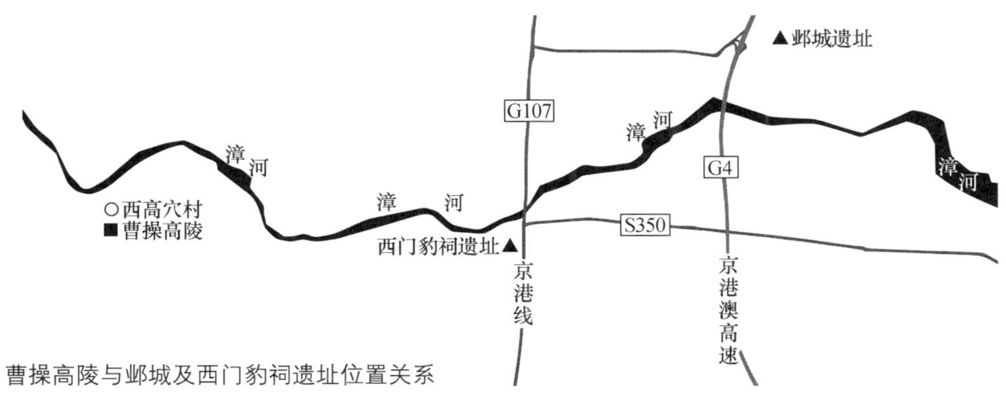

图1　曹操高陵与邺城及西门豹祠遗址位置关系

2. 墓葬形制结构

该墓葬是一座带长斜坡墓道的大型砖室墓，平面呈“甲”字形，坐西向东，方向110°（图2）。墓圹为东宽西窄的梯形，东部宽22米，西部宽19.5米，东西长18米；长方形斜坡墓道位于东部，长39.5米，上口宽9.8米。墓葬整体面积约740平方米。

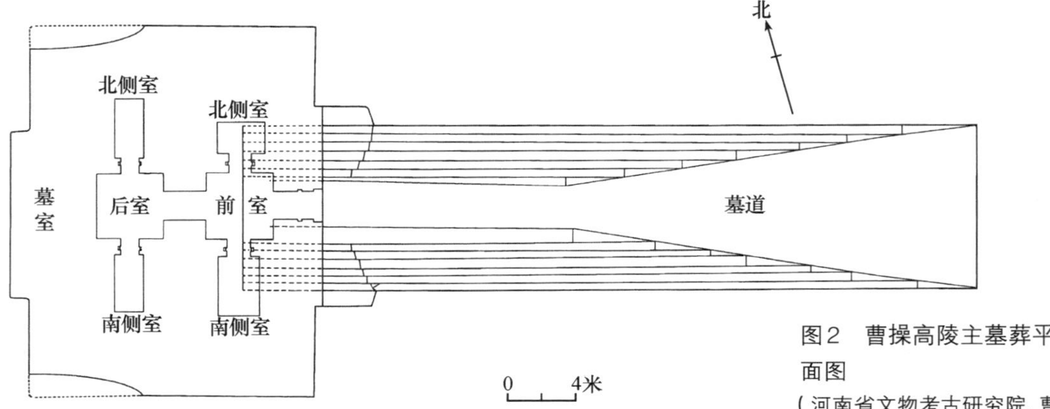

图2 曹操高陵主墓葬平面图
（河南省文物考古研究院. 曹操高陵. 北京：中国社会科学出版社，2016.）

墓道南北两边外侧各有一排东西向排列的磬形坑和不规则长方形坑，磬形坑与长方形坑成对出现。此外，墓道南北两侧还有东西向排列的方形柱洞（图版2）。墓道南北两壁各有七级台阶逐级内收（图版3），底部宽4.1米，西端最深处约15米。

墓道西端连接墓室门，墓道与墓室门连接位置南北两壁各有一道长5米、高4米的小砖砌护墙，墙体内立木柱作为支撑。墓门为双券砖门，内宽1.68米，高0.8米，砖砌封门及墓门均被破坏。墓室有甬道连接的前后（东西）两个方形四角攒尖顶主室，每个主室南北各有一个侧室，主室与侧室之间

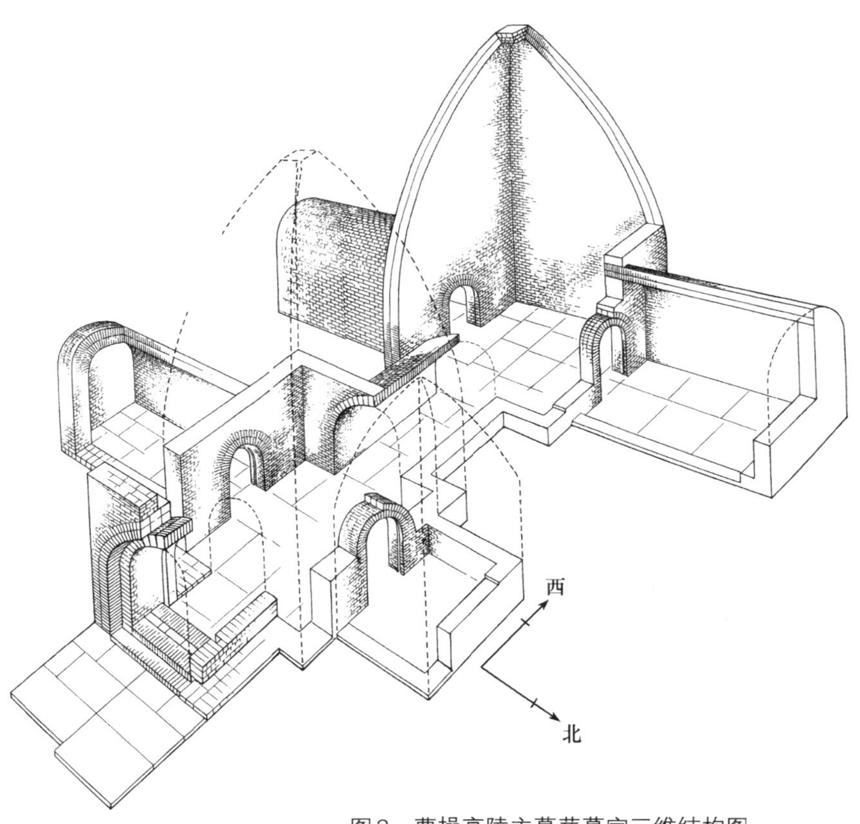

图3　曹操高陵主墓葬墓室三维结构图
（河南省文物考古研究院. 曹操高陵. 北京: 中国社会科学出版社, 2016.）

有甬道连接。其中前室北侧室为四角攒尖顶结构，其余三个侧室均为券顶结构（图3、图4）。主室和侧室共计六个墓室均为砖砌结构，底部为方形或者长方形青石板铺地（图5）。部分铺地石被破坏，撬起的石板背面可见被二次加工处理的画像（图版4）。除前室北侧室之外，其余墓室内壁均涂抹一层白灰，上下有多层铁钉。后室顶部西侧有两个盗洞、前室北侧室底部有一个盗洞，相应位置的墓砖被盗洞破坏。前后主室与侧室之间的甬道封门均被破坏（图版5），其余砖砌结构保存相对较完整。

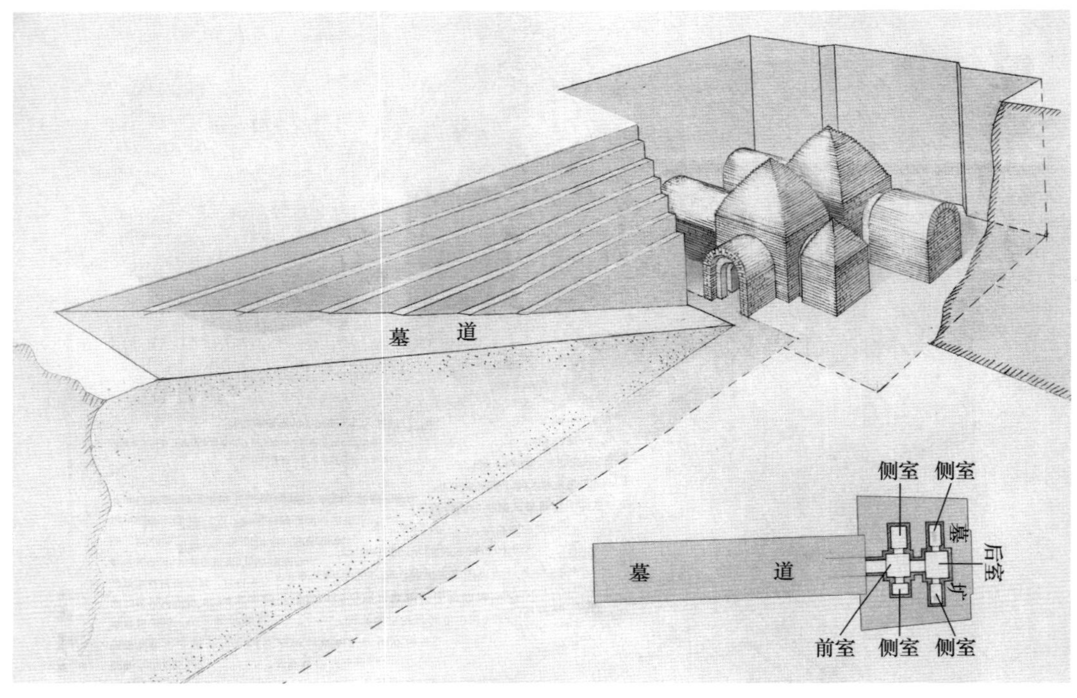

图4　曹操高陵主墓葬三维结构图
（河南省文物考古研究院. 曹操墓真相. 北京: 科学出版社, 2010.）

前室东西长3.85米，南北宽3.87米，顶高6.4米；南侧室南北长3.6米，东西宽2.4米，券顶高3.46米；北侧室东西长2.79米，南北宽1.83米，顶高4.7米。后室东西长3.82米，南北宽3.85米，顶高6.5米；南北侧室形状、尺寸接近，南北长3.6米，东西宽1.9～1.92米，顶高3.08米。

墓室结构用砖大部分为长48厘米、宽24厘米、厚12厘米的大砖，墓门及侧室券顶处所用楔形砖长度亦为48厘米，宽度和厚度均小于上述大砖。墓道底部两侧的护墙所用砖大小不一，最大者长31厘米、宽16厘米，其余尺寸较小。

该墓葬在历史上和现代遭到多次盗扰，葬具、随葬品等破坏严重。后室的南北两个侧室内各遗留部分木棺痕迹。人骨

图5　曹操高陵主墓葬墓底平面图
（河南省文物考古研究院. 曹操高陵. 北京：中国社会科学出版社, 2016.）

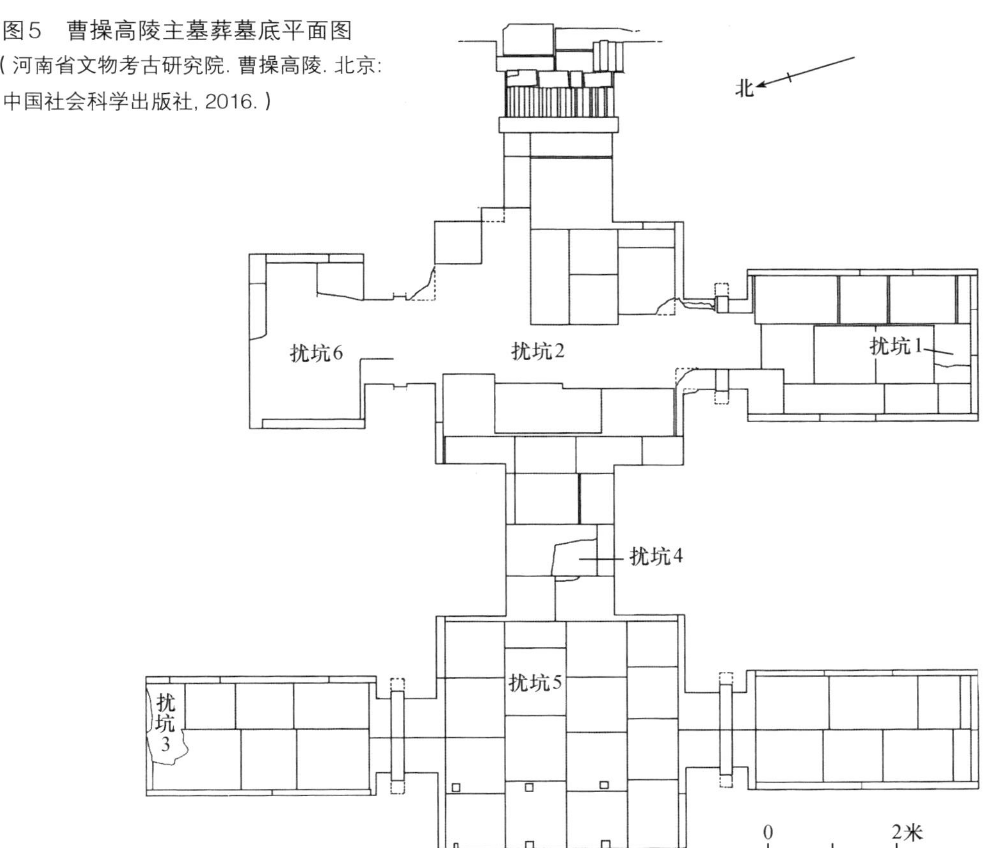

均被扰动，不在原位，大部分集中于后室，少部分零星分布于其他墓室内。经过辨认和鉴定，共计有3具遗骨，分别为1名男性和2名女性。其中男性个体年龄在60岁左右，女性个体年龄分别为50岁左右和20岁左右。

3. 出土遗物

该墓葬虽遭数次盗扰，仍出土大批质地不同的文物，包括金器、银器、铜器、铁器、玉器、骨器、漆器、瓷器、釉陶器、陶器、石器等种类，合计900余件。其中瓷器11件，包括1件白瓷罐、8件青瓷罐、2件酱釉瓷罐。陶器250余件，包括鼎、灶、井、罐、圈厕、盆、炉、案、耳杯等器形。石器包括66块不同形制的刻铭石牌、1件石圭、3件石璧、大量画像石碎块等。铜器包括各种饰件、配件、小型工具、印章、钱币等，金银器均为各种小型饰件，铁器主要为兵器（包括铠甲、刀等）、工具和生活用具。玉石器包括珠、饼、觿等小型饰件和玉璧残部。

出土文物详细信息已经在考古发掘报告《曹操高陵》中发表，部分代表性器物见图版6～图版19。其中图版6～图版10来源于新闻发布会公开发布资料，图版11～图版19来自考古报告。

4. 年代及墓主身份判定

墓葬形制和出土陶器、瓷器、钱币等文物为判断墓葬年代提供了重要参考。

首先，该墓葬的典型结构特点之一为两侧带台阶的长宽斜坡墓道。这种类型的墓道结构在东汉晚期墓葬中已经少量出现，如陕县刘家渠汉墓中M3等十余座墓葬的斜坡墓道带有一级台阶（报告称为二层台）[①]，洛阳东关东汉晚期殉人墓的斜坡墓道带有二级台阶[②]，偃师吴家湾东汉晚期封土墓墓道带有三级台阶[③]。此后在曹魏时期高等级墓葬中成为常见现象，如洛阳曹魏正始八年墓的墓道两侧各有五级台阶[④]，洛阳曹休墓墓道两侧有三级台阶[⑤]，西朱村曹魏墓墓道两侧为七级台阶等[⑥]。这一特征随后在西晋高等级墓葬中得到继承，成为西晋

① 叶小燕. 河南陕县刘家渠汉墓. 考古学报, 1965 (1).

② 余扶危, 贺官保. 洛阳东关东汉殉人墓. 文物, 1973 (2).

③ 洛阳市第二文物工作队, 偃师市文物局. 河南偃师市吴家湾东汉封土墓. 考古, 2010 (9).

④ 洛阳市文物工作队. 洛阳曹魏正始八年墓发掘报告. 考古, 1989 (4).

⑤ 洛阳市第二文物工作队. 洛阳孟津大汉冢曹魏贵族墓. 文物, 2011 (9).

⑥ 洛阳市文物考古研究院. 河南洛阳市西朱村曹魏墓葬. 考古, 2017 (7).

墓葬的形制特点之一[①]。墓葬结构的另一个特点为前后双室均为方形四角攒尖顶结构，两室之间有甬道连接。方形前后室带甬道的墓葬结构最早见于洛阳西郊M10016，年代为东汉中期[②]。东汉晚期以后到魏晋时期四角攒尖顶的方形单室墓葬多见，双室或者多室仅见于高等级墓葬中，如偃师杏园M34[③]、西朱村曹魏墓等。因此，西高穴汉墓形制上继承了东汉晚期特点，同时又具有魏晋特征。

墓葬中出土的三足盆（M2：408，图版11），实际名称应该为尊[④]，是一类比较有特点的仿铜陶器，流行时间和范围有限，所见案例较少。河南地区有洛阳李屯东汉元嘉二年墓[⑤]、洛阳烧沟M1037[⑥]、偃师吴家湾东汉封土墓、南乐宋耿洛一号汉墓[⑦]等，都属于东汉晚期规模较大的墓葬。偃师杏园M6也出土1件形态相似的器物，发掘者认为其年代距离曹魏不远[⑧]，张鸿亮综合分析认为该墓葬年代应属于东汉晚期而非曹魏[⑨]。河北地区汉墓中，此类器物出现于东汉中期，东汉晚期之形态与西高穴墓葬所出相近[⑩]。而其他年代明确的曹魏墓葬或者晋墓中不见此类器物。出土陶壶（M2：419，图版12）的形态特点为盘口外侈，扁鼓腹，喇叭形高圈足，腹部有凸棱装饰。这种形态的陶壶在大部分河南汉墓中未见，仅南乐宋耿洛一号汉墓（东汉延熹三年之后）出土2件相似者，与河北地区东汉晚期墓葬陶壶形态接近[⑪]。剪边五铢（M2：38）也是东汉晚期常见钱币。

墓葬出土的模型明器陶灶、陶井、陶圈厕等，明显是继承东汉以来的习俗，但是器形细节已经与东汉晚期有明显差别。陶井顶部屋脊两端上翘的特点（图版13）在陕县刘家渠东汉晚期墓葬M8和M1037中有发现，但是其他同时期墓葬未见；陶灶火门上方的阶梯状挡火墙（图版14）在东汉器物中未见，这两个特点在洛阳、郑州等地的晋墓中较为常见[⑫]。该

① 刘斌. 洛阳地区西晋墓葬研究——兼谈晋制及其影响. 考古, 2012 (4).

② 中国科学院考古研究所洛阳发掘队. 洛阳西郊汉墓发掘报告. 考古学报, 1963 (2).

③ 中国社会科学院考古研究所河南第二工作队. 河南偃师杏园村的两座魏晋墓. 考古, 1985 (8).

④ 孙机. 汉代物质文化资料图说. 北京: 文物出版社, 1991: 313-315.

⑤ 洛阳市文物工作队. 洛阳李屯东汉元嘉二年墓发掘简报. 考古与文物, 1997 (2).

⑥ 洛阳区考古发掘队. 洛阳烧沟汉墓. 北京: 科学出版社, 1959: 116.

⑦ 安阳地区文管会, 南乐县文化馆. 南乐宋耿洛一号汉墓发掘简报. 中原文物, 1981 (2).

⑧ 中国社会科学院考古研究所河南第二工作队. 河南偃师杏园村的两座魏晋墓. 考古, 1985 (8).

⑨ 张鸿亮. 洛阳地区汉晋墓研究. 郑州: 郑州大学, 2017: 165.

⑩ 曾祥江. 河北地区汉墓研究. 北京: 中国人民大学, 2011: 81.

⑪ 曾祥江. 河北地区汉墓研究. 北京: 中国人民大学, 2011: 82.

⑫ 武玮. 黄河中下游地区汉至西晋模型明器研究. 郑州: 大象出版社, 2014.

墓葬出土多件四系瓷罐（图版15～图版18），在洛阳烧沟汉墓中最早见于第六期（东汉晚期）M147[①]，随后的曹魏及西晋墓葬中比较常见[②]。因此该墓葬出土器物的特征也是同时具有东汉晚期特点和魏晋风格。

以往学者的墓葬分期研究中往往将汉墓与魏晋墓葬分别作为两个领域，不利于观察汉晋之间的变化衔接情况。张鸿亮以洛阳地区材料为基础，对汉晋墓葬进行了连续性分期研究[③]，其成果对于判断西高穴墓葬的年代特征具有重要作用。该墓葬同时具有洛阳地区汉晋墓葬第八期晚段和第九期特征，部分器物如陶灶和陶井已经具有第十期特征，明显处于东汉晚期风格向魏晋的过渡阶段，或“汉制”向“晋制”转变的过渡阶段，年代应相当于第九期（东汉建安十八年即213年至曹魏景初三年即239年之间）前后，即东汉末年到曹魏之间。

根据目前已经发现的资料，单墓道、前后室及四侧室（或耳室）和穹隆顶砖室墓已经成为东汉晚期诸侯王墓和魏晋时期高等级贵族墓的普遍特征[④]。而西高穴2号墓的形制已经具备这些特征，在个别方面甚至超过这些诸侯王和贵族墓。例如，该墓的墓道宽度接近已经探明的白草坡东汉帝陵墓道（宽约10米[⑤]）。该墓的墓室数量（前后二室加四个侧室）和墓道尺寸（长39.5米，宽9.8米）都分别大于墓主可能是曹魏皇室成员的洛阳西朱村墓（前后室之外没有侧室，墓道长33.9米，宽9～9.4米）[⑥]，同时也远大于曹休墓和正始八年曹魏墓。

出土刻铭石牌中，保存完整的一件圭形石牌上刻有“魏武王常所用挌虎大戟”字样（M2：58和M2：139），表明墓主身份为“魏武王”。东汉末年到曹魏之间，封号魏王且谥号为“武”的人选，只有曹操。

综上所述，西高穴2号墓的形制结构、随葬品等特征表明其年代为东汉末年到曹魏之间，级别高于同时期一般诸侯王，

① 洛阳区考古发掘队. 洛阳烧沟汉墓. 北京: 科学出版社, 1959: 98.

② 张小舟. 北方地区魏晋十六国墓葬的分区与分期. 考古学报, 1987 (1).

③ 张鸿亮. 洛阳地区汉晋墓研究. 郑州: 郑州大学, 2017.

④ 刘庆柱. 曹操高陵的考古发现与研究. 中原文物, 2010 (4).

⑤ 洛阳市第二文物工作队, 偃师市文物管理委员会. 偃师白草坡东汉帝陵陵园遗址. 文物, 2007 (10).

⑥ 洛阳市文物考古研究院. 河南洛阳市西朱村曹魏墓葬. 考古, 2017 (7).

刻铭石牌则明确表明其墓主身份就是东汉末年魏王曹操。

此外，《后汉书·礼仪志下》记载，东汉时期皇帝死后随葬的明器中有“瓦鼎十二”，西高穴2号墓出土12件陶鼎（图版19），也表明墓主身份特殊，可能使用部分天子葬仪。曹操生前被封为魏王，且被允许使用天子仪仗，随葬陶鼎的现象反映了其身份的特殊。尤其重要的是，西高穴2号墓葬有明确的陵园和陪葬墓，这是东汉诸侯王墓及魏晋时期高等级墓葬所不具备的，更加说明墓主的身份要高于一般诸侯王或高级贵族。而墓葬地表未见封土的特征，也符合曹操生前对修建其陵墓提出的“不封不树”的要求。

曹操高陵陵墓的北边另有一座编号为西高穴M1的刀把形墓葬，也同时对其进行了发掘。发掘结果表明墓室内部自底部到顶部均为夯土填实，未见墓室结构和人骨遗存。墓葬的形制和结构在考古报告《曹操高陵》中有详细介绍。后来的研究结果证实该墓葬的年代要早于曹操高陵，详见第二章陵园发掘结果部分。

第二章 陵园与陪葬墓

河南安阳西高穴曹操高陵考古发现公布之后，为了进一步厘清相关考古学问题，充分发掘曹操高陵历史文化内涵，为曹操高陵及相关文化遗存的保护规划提供科学依据，河南省文物考古研究所在陵墓周边开展了范围更大的考古工作。调查勘探工作于2010年5月开始，与陵墓本体考古工作同步进行，至2011年12月结束。先后发现了陵园、陪葬墓，以及陵园西部宋元时期建筑遗迹。

调查勘探工作结束之后，经报请国家文物局批准，河南省文物考古研究所于2011年4～7月对探出的陵园遗迹进行了部分发掘（考执字〔2011〕第147号），于2012年4～7月对西部编号M4的陪葬墓和部分宋元时期建筑基址进行了发掘（考执字〔2012〕第135号）。陪葬墓M4的发掘中遇到较为特殊的遗迹现象，当时无法给出科学解答；而陵园区域发掘揭露的范围较小，也未能解决陵园的布局和结构问题。为了避免因资料信息不全而对相关研究造成困扰，这批发掘材料当时未公布。

2016～2017年，为了配合曹操高陵保护展示工程建设，国家文物局批准对陵园区域进行全面发掘（考执字〔2016〕第638号）。本次发掘基本弄清了陵园的布局结构，并且对于陪葬墓M4中特殊的遗迹现象也有了科学合理的解释。本章分别对2010～2017年陵园、陪葬墓和晚期建筑基址的勘探发掘材料进行集中介绍，并针对相关问题开展分析讨论。

1. 2010～2012年陵园调查、勘探与试掘

1.1 考古调查与勘探工作方法

2010年5月，考古队进驻曹操高陵所在地河南安阳西高穴村之后，首先在陵墓周边开展详细的实地踏勘工作。

陵墓西侧现代取土坑周围断崖成为第一个重点调查对象。考古队员先后在东部断崖上发现3个遗迹剖面，其中两个夯土剖面分别位于西高穴1号墓北侧和2号墓南侧；另一个可能为沟类遗迹，位于2号墓南侧夯土遗迹以南。取土坑南部断崖上发现灰坑遗迹和绳纹板瓦、筒瓦遗物。西部断崖上暴露有绳纹墓砖，判断为一座被破坏的汉代墓葬。

东部断崖上的遗迹可能与陵园有直接关系，考古队员对剖面进行了仔细处理，并绘图照相。随后调查范围继续扩大，北至漳河岸边，西达渔洋村，东至东高穴村，南部边界为漳南干渠，陆续发现了一批时代不同的遗迹现象，但是无法确定哪些遗迹与曹操高陵有直接关系。

考古勘探工作以调查发现的遗迹为线索，以曹操高陵为中心向四周呈放射状展开。根据实际情况，在陵墓周边100米半径以内，以断崖上暴露的遗迹为主要线索，布设探孔规格为1米×1米；外部区域布设探孔规格为4米×2米，勘探总面积50余万平方米。在曹操高陵陵墓（M2）墓道东端中部设置永久坐标点，对勘探发现的遗迹用全站仪进行精确测绘。测绘完毕之后对探孔逐个进行回填，确保不给盗墓分子留下可寻之迹，同时不影响农田耕作。

另外，根据工作需要，为了进一步弄清考古勘探所发现

的线索，经报国家文物局批准之后，考古队随后在陵园附近实施了部分发掘工作。

1.2 勘探发现的陵园迹象

取土坑东部断崖上所发现夯土剖面经勘探确认为两条东西向夯土基槽的断面。两条夯土基槽分别位于曹操高陵陵墓（M2）的南侧和M1的北侧，自西向东延伸至闸门沟边。陵墓东部另有一条南北向夯土与南、北基槽相连，将M2、M1环绕其中。根据夯土基槽的分布情况，我们初步判断其分别为曹操高陵陵园的南、北和东墙基槽。南北夯土墙基槽外侧各发现一条壕沟，壕沟与墙基槽平行，东部与东墙基槽连接。夯土基槽及壕沟可能构成曹操高陵的陵园结构（图6）。

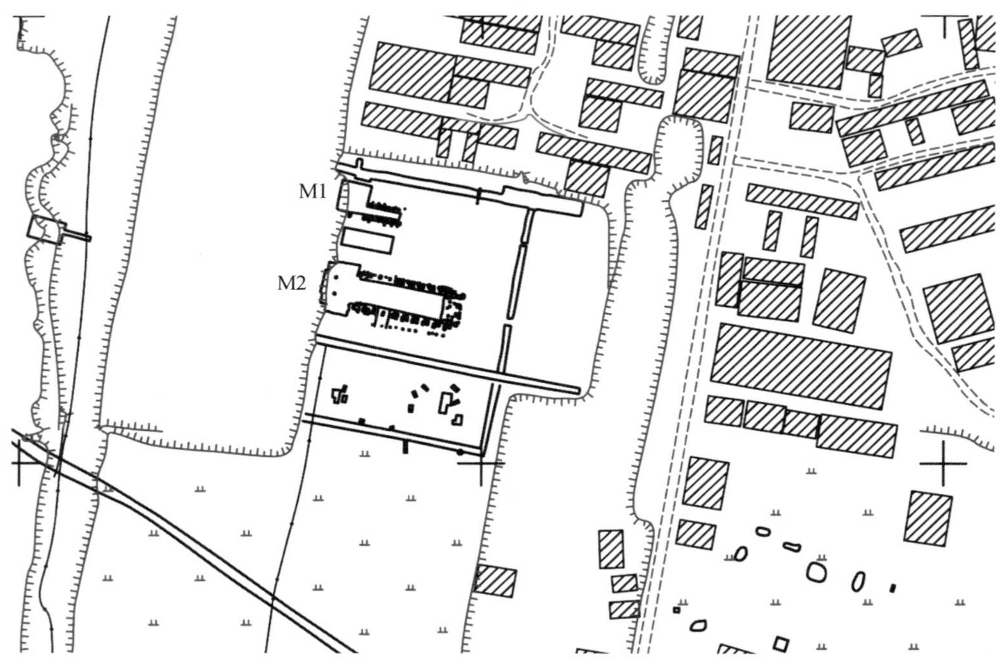

图6　曹操高陵陵园勘探发现遗迹分布图

南北夯土墙基槽西端被取土坑破坏，断面暴露在断崖上；东端均超出东墙继续延伸至闸门沟边。仅东墙基槽保存较为完整，在正对M1和M2墓道位置各有一缺口。

北侧基槽现存长度100米，南侧基槽长110米，东侧基槽长125米。基槽大部分宽度为3米左右，北基槽东端约20米处长度突然变宽（宽度约6米）。根据断崖上暴露的断面观察，基槽上部均已被破坏。北基槽现存深度2.3米，南基槽深度1.2米。其中北基槽为斜壁圜底（图版20），南墙基槽为直壁平底（图版21），夯筑方式均为平夯，可观察到圆形平底夯窝，夯窝直径约8厘米（图版22）。

北基槽中部有一缺口，宽约0.5米，缺口位置南北向平铺一列小砖，其性质暂无法确定。勘探开始之时此位置大部分砖块在前期发掘中已经取走，《曹操高陵》彩版一九和彩版二四的航拍图上可见此迹象。

陵园西部取土坑坑底及西侧台地上未发现夯土墙的延续部分，据此判断陵园西部已被彻底破坏。南北夯土基槽延伸至东部闸门沟边，沟东部为水泥路及密集的建筑物，无法开展勘探。

南基槽南侧30米、北基槽北侧27米各有一东西向沟，与基槽平行，东端与东墙连接，沟西端暴露于断崖上。南沟位于农田之内，北沟大部分位于陵园北部民房之下，东部与东墙连接位置被现代取土坑及建筑物破坏。结合断面资料及勘探情况，南北沟均为弧壁圜底，沟口宽度约3米，现存深度1.2～2米。南部沟内填土包含大量大小不等、位置杂乱的夯土块，可能来自附近废弃的夯土建筑。

闸门沟为一条自漳河南岸引出、绕西高穴村而过的水沟，已废弃多年，其修建年代无记载。北段沟边暴露有古墓葬，已经被沟破坏。根据调查发现的墓砖特征判断，闸门沟的形成年代应不会早于隋唐时期。

1.3 陵园初次发掘

勘探过程中，在M2墓道东部未发掘区域探出极小的碎石片，部分石片一面较平并可看到雕刻花纹，应当是从画像石上剥落的碎片。结合此线索，2010年8月，考古队在M2墓道东端向外约5米的位置（当时的临时参观平台外侧）布设2米×5米规格的探方进行试掘。在与墓葬开口相同的地面上发现较多的零星画像石碎片，最大的长约2厘米，部分可见花纹（图版23、图版24），但是未发现有关联的遗迹现象。结合M2顶部夯土层中有碎画像石块、墓室底部铺地石有二次加工画像石的现象，判断此处碎片可能是画像石二次加工活动留下的废弃物。大块废料填在墓室顶部夯土层中，细小碎片遗落在墓葬附近。据此现象进一步推测画像石二次加工的场地可能也在墓葬附近。确认此线索之后，该位置未继续发掘，资料提取完毕之后回填。

2011年4～7月，在陵园东部基槽正对M2的缺口处、东南基槽连接处、东墙基槽南沟连接处等位置进行了部分发掘，试图弄清缺口的性质和陵园不同结构之间的连接方式。本次发掘所揭露的部分均只见基槽，未见任何墙体遗存或者相关遗迹。同时几处基槽和沟类遗迹的连接位置均发现明显的打破现象，与同一体系的遗迹存在明显差别。由于揭露面积有限，缺口性质和陵园各部分之间的连接问题未能解决。

陵园区域内勘探过程中未发现任何明显的建筑废弃遗物（如砖瓦碎块等），本次发掘揭露的区域也十分“干净”，仅发现一块绳纹筒瓦残片和一块卷云纹瓦当碎片（图版25）。板瓦和筒瓦的时代特征均为东汉。墙体破坏殆尽、建筑废弃物极为稀少、南部壕沟内填满夯土块等线索表明，陵园内曾经存在夯土墙和其他建筑，可能被有意识地彻底毁坏，毁弃之后的绝大部分建筑废弃物（夯土、瓦等）则被清理出陵园。前期调查在西部取土坑南壁上所发现的建筑遗物可能是来自废弃的陵园建筑，其余大部分建筑废弃物可能已经被现代取土活动破坏。由于未发现具体的建筑基础，这些认识在此阶段尚无法形成一个合理的逻辑整体。

1.4 小结

本阶段开展的调查、勘探和发掘工作确认了陵园内有二次加工画像石留下的细碎遗物，发现了陵园内可能存在建筑的线索。

发掘结果进一步表明，前期勘探获得的陵园结构线索并不准确，存在诸多疑点：①推测可能为陵园南、北墙基槽的两段夯土基槽剖面形状结构差别十分突出：北基槽为弧壁圜底，南基槽为直壁平底——这种差异表明两者可能并不属于同一个遗迹系统。②推测的南墙基槽明显打破东墙基槽，也表明二者并不属于一个遗迹系统。③北基槽东端约20米处突然变宽，并且变宽位置的夯土深度远超过西部断崖上剖面所见深度。这一结构特征十分特殊，显然与陵园垣墙不属同一结构。④陵园内除了两座墓葬分布的区域之外，其余各部分的功能不清楚。南基槽和南沟之间约30米宽度的范围内勘探发现零星夯土线索，但是看不出明显规律。东部基槽之外到闸门沟边大面积区域未发现明显遗迹现象——陵园正前方位置留有大面积空置区域，也难以解释。另外，北基槽和北沟之间也存在大片空地，但由于民房占压无法勘探。

鉴于存在以上各种问题，多位专家认为陵园的具体结构、陵园内建筑的布局特征等问题未能得到解决，陵园的面貌并不清楚，建议陵园的相关工作继续进行。根据本次发掘的情况判断，勘探和小面积发掘并不能解决上述问题。而在当时并不具备大面积发掘的条件，因此陵园相关的田野工作在2013～2016年暂未继续。

2. 陵园全面发掘收获

2.1　2016～2017年度陵园发掘结果

2012年8月至2016年8月，曹操高陵相关工作重点转向出土遗物研究、发掘报告编写、保护规划编制等方面，陵园相关工作暂未推进。2016年9月，为配合即将施工的高陵保护展示工程建设，经专家论证、报请国家文物局批准之后，河南省文物考古研究院、安阳市文物考古研究所、曹操高陵管理委员会等单位联合对陵园及建筑遗迹进行了全面考古发掘。本次发掘结果表明，高陵陵园主要由内外两周夯土基槽、神道、东部建筑群和南部建筑群等五个部分组成（图7），下面分别予以介绍。

2.1.1　陵园内周夯土基槽

内周夯土基槽平面呈长方形，环绕陵墓东、北、南三面。西部被现代取土坑破坏无存，南、北基槽大部分及东基槽保存完整。M2墓道中线向北41米为北基槽，向南47米为南基槽。北基槽现存长度70.7米，南基槽现存长度68米，东基槽长度90.5米。基槽宽2.8～2.9米，现存深0.5米左右，直壁平底较规整。填土为夯实的黄褐土夹杂少量深褐土块，夯层厚0.08～0.15米（图版26）。根据形状、填土及位置特征判断，这周基槽可能为陵园的垣墙基槽。

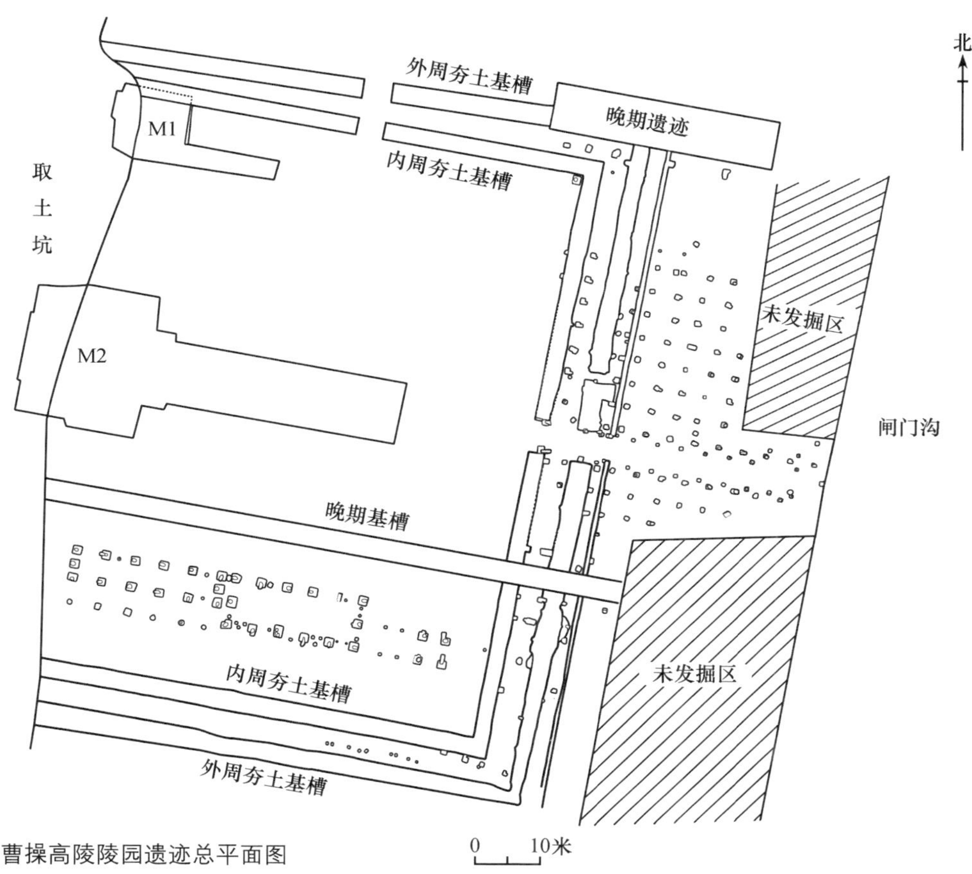

图7　曹操高陵陵园遗迹总平面图

内周东部基槽正对M2墓道位置有一宽5米的缺口，应为陵园东门。缺口南北两侧各有一边长约1米的夯土柱础。基槽外向东0.75米位置有一列南北向柱础与墙平行，已经揭露7个。经勘探确认，北部基槽在距离西部断崖58米位置也有一宽约3米的缺口，应为北门。

2.1.2　陵园外周夯土基槽

内周夯土基槽外侧4米位置平行环绕另一周夯土基槽，整体平面呈长方形。西部被现代取土坑破坏无存，南、北部大部分及东部基槽保存较好，东北角被一长方形大型遗迹打破。M2墓道中线向北47米为外周北部基槽，向南53米为外周南部基槽。外周北基槽现存长度74米，南基槽现存长度70米，东基槽长度93.4米。基槽口部宽度2.8～2.9米，现存深度1.8～2.2米，弧壁圜底（图版27、图版28）。沟内填土为黄褐花土与大量的料姜石混合而成，有着较明显但是厚薄不一的夯层，夯层厚0.05～0.3米。与内周夯土基槽相比，其平面和壁均不太规整，尤其是外周东基槽南段及南基槽特别明显。填土情况亦是如此：外周北基槽及东基槽北部填土较为一致，为密实的夯土；但是东基槽南段15米及南基槽填土明显变杂乱，夯层不明显，含有砖瓦残块，下部已发现不了夯层，且开始有淤土出现。

外周夯土基槽东部正对M2墓道及内周夯土基槽东门处也有一宽5米的缺口，缺口南北两侧有对应的柱础。缺口向北7.3米位置另有一宽1.6米的小缺口，缺口南部基槽明显向外（东）凸出约1.7米，功能不详。北部在对应垣墙北门的位置也有一缺口，缺口处原残留一列南北向砖块①，可能与门道有关。根据平面形状、与内周夯土基槽的距离、结构及填土特征判断，此外周夯土基槽可能是垣墙外侧的壕沟。

① 河南省文物考古研究院. 曹操高陵. 北京: 中国社会科学出版社, 2016.

2.1.3 神道

内外周夯土基槽东门南北侧各有一排9个边长在0.43～0.6米的方形柱础自西向东延伸，东西相邻柱础之间距离3米，两排柱础之间南北距离4米。从布局和尺寸看，这些柱础不属于东部建筑的柱网，而是将建筑分成南北两区，且两排柱础向东延伸形成一条通道（图版29）。这一通道位于墓前地面上，并且与墓道位置相对应，符合学者总结的两汉时期陵墓神道的特征②。尽管这一通道上未发现路土，我们仍

② 焦南峰, 杨武站, 曹龙. 神道、徼道、司马门道——西汉帝陵道路初探. 文物, 2008 (12).

能根据上述这些特征判断此处应为高陵神道。神道从东门外向东延伸35.5米，东部被闸门沟破坏。神道两侧的柱础表明原来可能有立柱之类的建筑，柱子的材质和具体形态目前已无法得知。

2.1.4　东部建筑群

外周夯土基槽以东分布有建筑遗迹，仅存方形夯土柱础构成的柱网，被神道分为南北两区（图版30）。在神道柱础以北揭露南北8排夯土柱础，其中最南部一排东西向9个柱础，东段被闸门沟破坏，向北受发掘区限制未全部揭露。柱础为方形或者长方形，边长0.6米左右；部分柱础在一侧或中部有部分凸出，呈“凸”字形或刀形。相邻柱础之间东西间距2.8～3米，南北间距2.8～3.5米。根据已暴露的部分判断，每排应该至少有9个柱础，因此北区至少存在一个南北8排、东西9列的柱网（东部被破坏部分除外），南北宽26.2米，东西长29.8米。神道柱础以南揭露南北7排柱础，其中最北侧一排完整揭露，东西共计8个柱础，东部被闸门沟破坏；南侧大部分在未发掘区。该区柱础的尺寸与北区相近，并且以神道为中心呈对称分布，据此判断南部完整柱网结构应该与北部相似。

另外在柱网与东部外周夯土基槽之间还有一南北向窄墙的基槽，与外周夯土基槽平行，相距2.4米左右，并且在对应东门处留有缺口。墙西侧与柱网对应位置也有一列南北向柱础，尺寸及间距与柱网相近。墙基槽宽0.66～0.75米，东门北部填土为黄褐土，夹杂较多的料姜石，经夯打；东门往南约2.5米处，南部填土为黄褐土，土质较软，结构疏松，内含炭屑等。此墙北端被另一遗迹打破，南端尚未完全揭露，可能为柱网建筑的西墙。

2.1.5 南部建筑群

在M2与内周南部基槽之间有另一组建筑，其北部边缘距离M2墓道中线29米。根据柱础的平面分布特征看，建筑由自东向西四部分组成（图版31）。第一部分位于最东端，由四个较大的“凸”字形夯土柱础组成外边长4.6米、内边长2.5米的方形建筑。柱础的主体部分平面为方形，边长1.1～1.2米，北侧分别向北凸出0.2～0.8米，宽0.5米。向西为第二部分，由四个边长0.3米的方形小柱础组成。平面形状为长方形，南北长约4.5米，东西宽约2.9米。第三部分位于小柱础西侧，整个南部建筑的中部，由14个边长1.1～1.2米的方形柱础组成东西向长方形建筑。东西两端各有3个柱础，中部有南北4对柱础。东西相邻柱础距离2.5～2.6米，东西两端柱础南北相距2.3米，中部柱础南北相距6米。整个建筑外围东西长约20.5米，南北宽约8.4米；内部东西面阔18米，南北进深6米。根据柱础布局看应为一面阔5间、进深1间的建筑。最西端为第四部分，由14个大的方形柱础和6个小的方形或圆形柱础组成东西向长方形建筑。北部14个大型柱础的尺寸和布局与东部第三部分建筑相似，即东西端各3个、中部4组南北成对，但是间距有差别。其中东西两端柱础南北相距0.75～0.95米，中部柱础南北相距3米，东西相邻柱础距离3.1～3.2米。南北向每一列柱础的南部2.7～3米处各对应一方形或圆形柱础，方形边长0.7～0.8米，圆者直径0.6～0.8米。根据柱础布局看整体为一面阔5间、进深1间的建筑，南部外侧小柱础部分可能是廊。这组建筑整体东西长23米，南北宽9米；建筑主体部分面阔（内）21米，进深6米；外廊进深3.6～3.7米。由于西部被取土坑破坏，无法判断向西是否还有建筑遗迹。

陵园东部及南部建筑均只存柱础，柱础内填土为黄褐土夹杂褐色土块混合而成的花土，土质较硬。在清理被晚期墓葬打破的柱础剖面时发现柱础填土有明显的夯层，厚0.15米左右。南部建筑的夯土柱础中部都有柱洞，柱洞形状为圆形或者椭圆形，填土多为黄灰土，结构疏松，内含炭屑等，少部分发现残破的板瓦及筒瓦碎片，未发现柱础石或者柱子残留。同时建筑内外均未发现同时期的活动面或者相关遗迹。

另外，在陵园南部建筑北边向北5.2米的位置有一道宽3米的夯土基槽自西向东贯穿整个陵园，东部打破垣墙、壕沟以及部分柱础。这道基槽与陵园及墓葬开口于同一层下，叠压打破关系表明其年代要晚于后者。由于西部被断崖破坏，东部被闸门沟破坏，仅存一段东西向基槽，其性质暂时不能确定。

已经揭露的陵园内部出土遗物稀少，除了南部发现一块较大的绳纹板瓦残片之外，仅在部分柱洞中发现少量碎小的绳纹板瓦或者筒瓦残片。另外在外圈南基槽（南壕沟）附近发现较多的板瓦、筒瓦残片及部分卷云纹瓦当。此处出土的瓦当纹饰只有一种（图版32），与偃师白草坡东汉帝陵陵园遗址所出瓦当纹饰相似[①]，这种卷云纹饰也是洛阳地区东汉中晚期常见的纹饰[②]，为判断陵园建筑的年代提供了证据。

① 洛阳市第二文物工作队，偃师市文物管理委员会. 偃师白草坡东汉帝陵陵园遗址. 文物, 2007 (10).

② 钱国祥. 云纹瓦当在洛阳地区的发展与演变. 中原文物, 2000 (5).

2.2 陵园特征研究

2016～2017年对陵园的发掘比较完整地揭露了陵园结构和布局，在许多和陵园相关的问题上取得了新认识。

第一，揭露的遗迹确认了高陵陵园及相关建筑遗迹的存在，并且可能是内墙外壕沟的结构。这些建筑遗迹的发现也说明高陵虽然没有高大的地面封土，但是肯定有地面建筑。

陵园壕沟南北宽93.4米，东西残长70米，基槽宽度都在3米左右，说明陵园整体规模不大。这种规模与洛阳的东汉帝陵陵园遗址相比明显较小[①]，说明陵园在当时显然不是按照帝王的规格修建。但是值得注意的是，目前已发现并认定的东汉诸侯王墓葬中，都未发现墓园遗迹[②]，相比之下高陵有墓园建筑的情况就显得比较特殊，这可能与墓主曹操在东汉晚期的特殊地位有关。

第二，确认西高穴M2即高陵陵墓位于陵园中心位置，排除北侧另一座墓葬M1与M2的同时性。M2墓道中心距离北垣墙41米、距南墙47米，大体处于陵园南北中部位置。这种布局说明陵园是以M2为中心修建的，两者在布局设计上有密切关系。同时在发掘过程中确认北墙西端打破M1墓坑北边，说明M1的年代要早于陵园整体（图版33）。M1的发掘结果是“后室自上而下全部为夯土填实，故该墓葬里并没有真正的墓室，也没有发现葬具和墓主人的遗骸”[③]，这种现象以及M1与陵园的早晚关系可能表明修建陵园之前有意对M1进行了清理回填，M1与M2并不是同时期的墓葬。

第三，确认陵园东北部的大片夯土为一年代稍晚的遗迹，确认东部闸门沟年代晚于陵园。在陵园东北部存在大片夯土，与壕沟内填土有区别，前期勘探一直未能确认其性质。高陵发掘报告中认为这一部分可能是为了加固陵园、保证陵区形状的完整性和安全而有意进行的回填夯实加固措施。本次通过平面清理及再次勘探确认其属于一个东西向大型遗迹，长33米、宽7米。该遗迹虽然与陵园在同一个开口层位，但是打破了陵园壕沟东北角，说明其年代较晚，与陵园结构没有直接关系。同时，本次发掘确认陵园东部的柱网遗迹明显被闸门沟打破，说明沟的年代要晚于高陵陵园，与陵园的布局

① 洛阳市第二文物工作队，偃师市文物管理委员会. 偃师白草坡东汉帝陵陵园遗址. 文物, 2007 (10).

② 张玉霞. 东汉诸侯王墓葬制度探析. 中州学刊, 2010 (4).

③ 河南省文物考古研究院. 曹操高陵. 北京: 中国社会科学出版社, 2016: 260.

规划没有直接关系。

第四，证实了毁陵行为的存在。整个陵园揭露的垣墙和相关建筑都只剩基槽和柱础部分，地面以上部分全部无存，且基槽和柱础表面都比较平整。基槽及柱础附近也未发现建筑废弃堆积如夯土块或者砖瓦等建筑遗物；柱洞中的基础石和柱子全部无存，柱洞边缘往往形成长椭圆形外扩的坑，可能是开挖取走柱子所留下。陵园内部出土遗物极少，仅发现一块较大的板瓦残片，其余少量建筑构件如筒瓦板瓦碎片发现在南部壕沟附近。考古发现的汉代陵园建筑如汉杜陵陵园①、永城西汉梁王陵寝等往往都存在大量建筑废弃堆积②，相比之下，高陵陵园的这种少见建筑遗物的现象显得比较特殊。

我们推测这种现象反映了陵园并非自然废弃或者报复性毁弃，可能与曹丕的毁陵活动有关。《晋书·礼志中》记载黄初三年曹丕下诏要求“高陵上殿屋皆毁坏”，目的是“以从先帝俭德之志”。出于对其父曹操的尊重，不大可能在毁陵之后留下大片残垣断壁，应当会进行清理活动。高陵陵园发现的所有建筑只剩基础以下部分，柱洞中的柱子也被取走，并且几乎无建筑废弃堆积，这些现象正符合史书记载。同时，陵园壕沟内填土大部分也是经过仔细夯打，尤其是北部及东部壕沟十分明显，显然不是自然废弃形成的堆积，与曹丕主导的这种性质比较特殊的毁陵行为也是吻合的。

据《三国志》记载，曹操于218年下令营建高陵，于220年逝世及下葬。曹丕下诏毁陵时间为222年，故高陵陵园建筑的存在时间不超过五年。在陵园建筑内外均未发现明显的活动面或者相关遗迹现象，同时神道位置也没有明显的路面，可能是因为陵园存在时间有限、祭祀活动持续较短，因此并未形成比较厚的活动面。

① 中国社会科学院考古研究所. 汉杜陵陵园遗址. 北京: 科学出版社, 1993.

② 河南省文物考古研究所. 河南永城市芒砀山汉代礼制建筑基址. 考古, 2007 (7).

2.3 陵园存在问题

虽然2016～2017年对陵园的发掘尽可能覆盖了墓葬周边可以发掘的区域，并揭露了陵园的南北边缘，在东部和南部发现了不同形制和规格的建筑遗存，但是对于陵园内部的建筑布局和结构问题并未能全面解决。

陵园东部一直发掘到闸门沟边，确认了闸门沟打破陵园东部建筑群，因此东部建筑群保存并不完整。闸门沟东边即为现代水泥路，不同年代的道路堆积有一米以上厚度，勘探很难开展。由于此道路是进入西高穴村的唯一道路，亦无法破路展开全面发掘。在正对神道的位置进行了小面积的解剖式发掘，发现仍然存在夯土遗迹。由于揭露面积太小，暂时不能确认其性质，但是可以肯定在闸门沟东侧还存在与陵园相关的遗存。因此陵园的东部建筑规模和神道的具体长度、神道两侧是否存在阙类建筑等相关问题未能解决。

2009年，由于考古和保护工作需要，当地政府分别为M1和M2修建了巨大的临时保护棚，保护棚的水泥基础尺寸达1米×1米规格。这些临时柱础坐落于南部建筑群与M2之间、东墙向西至墓葬之间、M1和M2之间区域。陵园发掘之时，临时保护建筑仍然在使用，因此这些占压区域暂时无法开展工作。

2016～2017年发掘的陵园南部建筑群和东部建筑群显然不是陵园建筑群的全貌。发掘报告第35页介绍“墓道南侧靠近探方南壁的地面上，有一排东西向排列的方形柱洞，排列十分整齐”。这些柱洞在保护棚搭建之前的航拍图上（发掘报告彩版二五）和发掘报告第34页的平面图上都有显示。同时在西侧探方壁下还露出宽约0.5米、长近5米的活动面类型的遗迹，大部分压在探方壁下。根据现场观察的情况，此遗迹很可能是掺杂着白灰的居住面。南部这一排柱洞与墓葬附近的各类遗迹均无明显关联。根据南部揭露的建筑遗存情况看，这排柱洞很可能与南部的建筑群有关。

其他被临时保护设施占压的区域，包括M2东部、M1和M2之间的区域、M1东部的区域等是否还存在建筑遗存，目前尚无法得知。但是可以肯定的是，当前揭露的陵园建筑遗存并非全貌。因此在对陵园的建筑布局、功能开展相关研究，并以此为材料来研究汉魏时期帝王陵寝建筑发展演变等相关问题时，必须要谨慎。

2.4 小结

曹操高陵陵园是目前经过发掘的第一例东汉晚期诸侯王陵园。陵园和墓上建筑规模说明其规格显然低于东汉时期的帝陵，但是与同时期诸侯王墓均不见墓园的情况相比又有其特殊性，说明其地位显然要高于其他诸侯王。曹操在当时已经权倾朝野，地位远非其他诸侯王能比，但是他并不愿取汉室而代之，陵园反映的这种现象与此是相符合的。

虽然高陵坐西向东的特征与东汉帝陵坐北朝南的布局相比有明显改变，但是东部发现的柱网结构建筑与洛阳白草坡东汉帝陵正南的建筑有明显可比对之处[①]。两地发现的建筑基础都是柱网结构，并且都位于陵墓正前方，功能应有相似之处。故高陵的陵园建筑特征至少沿袭了部分东汉帝陵特征。高陵陵园的垣墙、壕沟、神道两侧立柱等特征目前尚未在东汉帝陵发现。其垣墙外围壕沟的特征与北魏长陵十分相似[②]，同时高陵神道两侧的立柱虽然目前无法判断具体形式，但是其与北魏帝陵的神道石刻功能应该有相似之处[③]。这种现象说明高陵的陵园制度在一定程度上具有承前启后的特征，可能对北魏陵园制

① 王咸秋. 邙山东汉五陵考. 考古与文物, 2021 (1).

② 洛阳市第二文物工作队. 北魏孝文帝长陵的调查和钻探——“洛阳邙山陵墓群考古调查与勘测”项目工作报告. 文物, 2005 (7).

③ 韩国河. 东汉北魏陵寝制度特征和地位的探讨. 文物, 2011 (1).

度的形成有一定影响。

这些发现首先解决了前期勘探和发掘中遇到的矛盾。之前根据勘探线索判断的陵园南北墙基槽、南北壕沟等实际并不是一个遗迹系统，而是分别包括多个不同时期、不同性质的遗迹。陵园真正的垣墙基槽在当时并未被发现，因此前期勘探得出的陵园布局结构完全是错误的。而陵园南部和东部的大部分区域并不是空白，而是有着密集的建筑——由于建筑被有意清理，只留下夯土柱础（东部柱础规模普遍较小），前期的勘探就只发现零星夯土，未能发现成片的建筑遗迹。

曹操高陵陵园考古勘探和发掘结果之间的差异，也再次证实了考古勘探在辨识某些特殊遗迹，如基础比较小或者比较浅的复杂建筑群时存在的局限性。陵园内周夯土基槽残余的深度仅0.5米左右，夯土的质地和颜色与周边差别较小，因此前期勘探中完全没有发现。陵园东侧和南侧的建筑群几乎没有留下废弃遗物，同时残余的基础也很小，因此前期勘探只能发现零星夯土而无法揭露建筑的全貌。这也为以后类似遗迹的考古工作提供了借鉴。

3. 陪葬墓M4发掘收获

2010～2011年的大面积考古勘探在陵园周边东、西、南部区域发现了各时期墓葬数百座，绝大部分为南北向，规模大小不等。根据开口层位及方向特征可确定与高陵同时期的墓葬共计4座，均位于陵园以西、取土坑西侧的台地上。这四座墓葬均为坐西向东，斜坡墓道长度均在15米左右，墓室为砖砌多室结构。为避免发生混淆，在已发掘的西高穴M1和M2之后顺序编号，这四座墓葬自东向西编号为M3～M6（图8）。

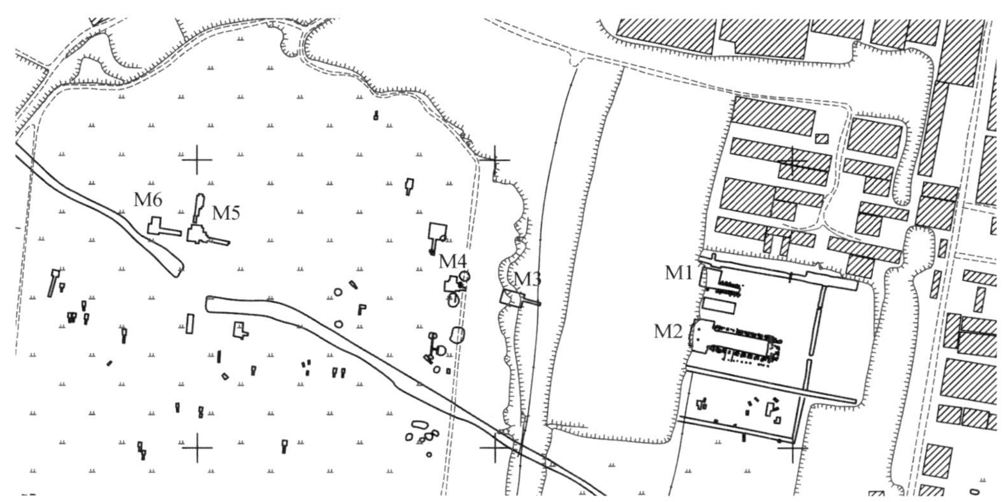

图8 陵园及西部勘探墓葬分布图

根据测绘资料观察，在该区域所有墓葬中，这四座墓葬方向特殊，位置也比较特殊——都与曹操高陵陵墓（M2）位于一条东西向直线上。由于它们的规模明显小于高陵，并且附近未见有陵园建筑等相关遗迹，初步判断这些墓葬可能为高陵的陪葬墓。

其中最西端的墓葬距离陵园西部320米。最东部的墓葬M3即为最初调查时在取土坑西边断崖上所发现的墓葬，该墓的墓室东部和墓道被取土坑破坏，断崖上暴露有扰乱后的墓砖，取土坑底还存有部分墓道。墓道为自东向西的斜坡，取土坑底残存长度约4米。其西侧的M4全部位于台地上，勘探表明结构保存较完整，并且叠压在晚期建筑堆积之下。为了弄清楚该墓葬的情况，进一步确认其与高陵的关系，河南省文物考古研究所于2012年申请对M4进行了考古发掘。

3.1 墓葬位置、平面形状

M4位于高陵西侧取土坑西部台地上，坐落于TW22N12

和TW21N12内。墓室位于西侧，平面呈“凸”字形，在方形主室北侧有一长方形侧室；墓道位于东侧，平面东窄西宽呈狭长梯形，东端小部分被晚期遗迹G2打破至底部。墓葬方向105°，墓道东端距离M2墓室西端约130米（图9；图版34）。

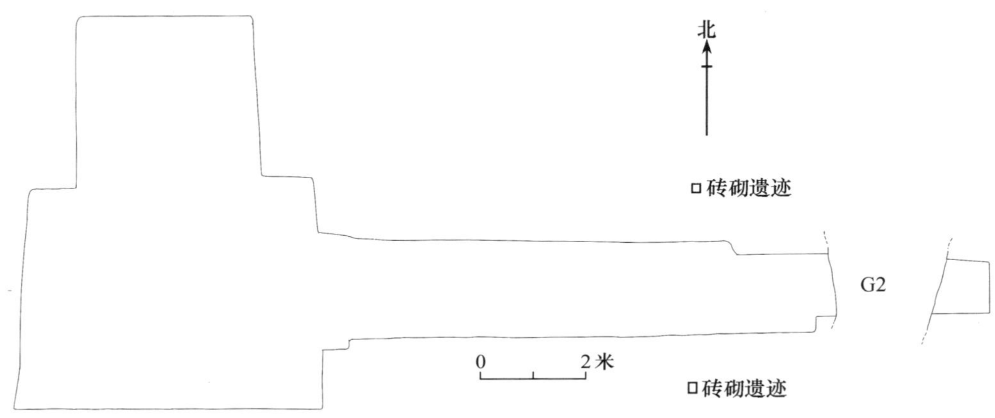

图9　M4平面图

墓道平面东西长15米，南北宽1.25～2.4米。墓室主室部分东西长7米，南北宽5.9米；北侧室南北长3.9～4.14米，东西宽4.2～4.9米。墓葬总长22米。

墓道中部南北两侧2米距离之外各有一砖砌小台形遗迹，可能在墓道上部曾有某种建筑设施。两侧其他位置未发现类似特征（图版35）。

3.2　墓葬结构与墓内堆积

墓葬上部整体被晚期建筑遗迹叠压，开口于西部发掘区第9层下（西部发掘区地层堆积与东部陵园区域有差别）。墓室上部分别被一晚期灰坑和坑洞遗迹打破，墓道东部被晚期遗迹G2打破。在清理完晚期建筑堆积和其他遗迹之后，墓葬平面完整暴露。

向下清理过程中，确认墓道南北两壁底部内斜，底部自东向西斜向下通到墓底，坡度30°。底部近南壁的位置在斜坡上挖出宽0.3～0.4米的长方形规则脚坑，应当是与台阶有相似功能（图版36）。墓道东端深0.14米（上部被G2打破），西端深6.8米。墓室壁整体较直，西部及北部个别位置底部略内斜（图10；图版37）。

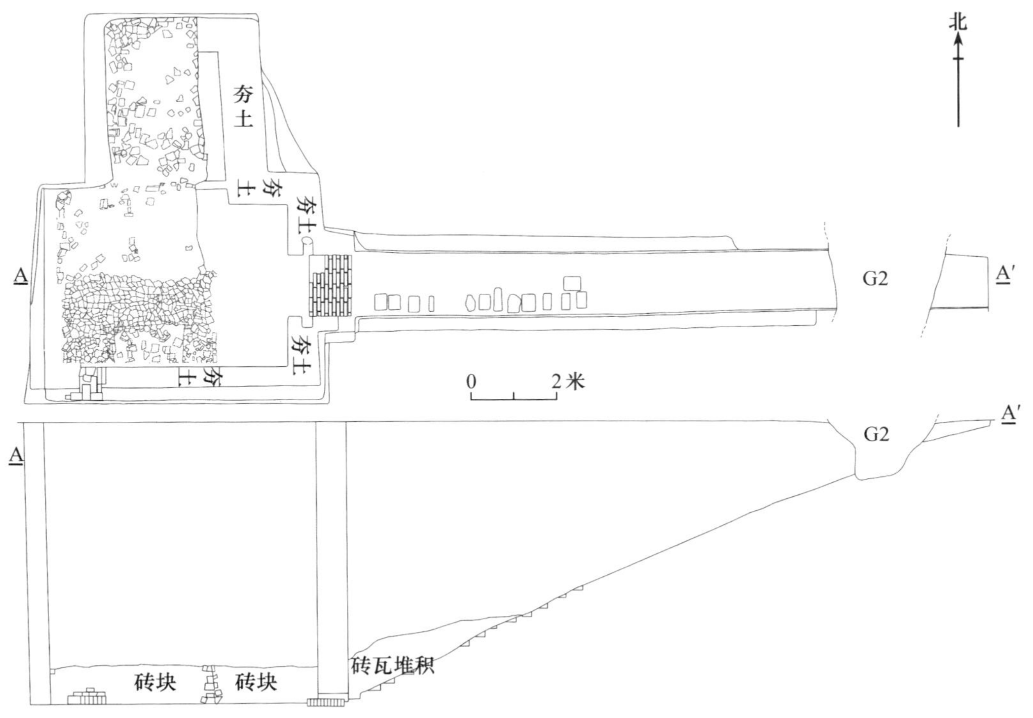

图10　M4平、剖面图

墓道和墓室自开口向下至4.8米深度填土均为夯实的黄褐色花土，含小块料姜石，无其他包含物。这部分填土根据土质土色可明显分为20层，每层厚0.2米左右，各层较为平整。墓室顶部的晚期坑洞遗迹向下延伸至墓室内，最初推测可能为盗洞，但该遗迹在距离墓顶2.2米深度的位置到底，底部平面形状极不规则，出土完整的金元时期鸡腿瓶、陶盆、瓷碗等生活用器皿（图版38），形状、结构和堆积（无人骨遗存）都排除墓葬或盗洞的可能性，最后判断可能是坑洞类遗迹，有人曾在内短期生活。自此深度向下，墓室填土各层均保存完好，无任何扰动痕迹。

图11　M4填土出土瓦当拓片

墓道4.8米深度开始出现密集的碎砖瓦堆积。砖块均为素面，夹杂卷云纹瓦当。瓦当纹饰、大小一致，个别瓦当上还有朱砂痕迹或者有两个穿孔（图11；图版39）。砖瓦块中还发现白灰墙皮碎块，最大一块长0.3米，上面有红色彩绘几何线条（图版40、图版41）。墓道内砖瓦堆积表面东高西低向墓室内延伸，至6米深度位置与墓室内砖块堆积连接一起。墓室6米深度位置出现碎砖块堆积，遍布整个主室和北侧室范围内。墓室内所填碎砖块大小不等，没有完整砖块，但是堆积顶部较平整（图版42～图版45），除了个别瓦当和陶案足之外无其他特殊遗物（图版46）。

墓室内堆积碎砖块的现象十分特殊。为了保留这一特殊遗迹现象以供后期研究，同时弄清楚墓室底部的情况，我们将墓道底部的砖瓦堆积清理到底，部分大块白灰墙皮整体提取保护。对墓室内堆积的东部和南部进行部分解剖式清理：墓室内大部分堆积原样保留，北侧室东部、主室东部和南部区域清理到底（图10；图版47、图版48）。解剖清理结果表明，墓室内砖块堆积厚0.9米，下部直接到墓底，墓底无任何完整砖砌结构。

墓室东侧中部、墓道底部与墓室连接位置为一片东西宽1米、南北长1.5米的长方形砖铺地面（图版49）。砖块长34厘米、宽17厘米、厚8厘米，均为错缝侧砌。墓室底部沿边缘位置为夯实的地面，夹杂十分碎小的砖渣，边缘有明显的白灰，轮廓清晰规整（图版50）。北部侧室的东壁下夯土带宽约1米；主室东南部壁下夯土带宽约0.5米。主室与北侧室之间的夯土带宽约0.2米。夯土带内侧区域为平整地面，铺有一层较薄的白灰。

墓室西南角夯土带上存留一段长0.6米、高0.2米的砖砌墙壁结构（图版51）。砖壁由小砖垂直于坑壁侧砌，主体部分位于夯土带上，砖壁外侧与墓坑壁之间的空隙用砖块填塞。完整砖块长40厘米、宽20厘米、厚10厘米。根据这一现象判断，其余部分的夯土带也应该是墓室砖砌墙壁的基础，墙壁内侧面刷有白灰。墙壁上白灰落到地面，在地面上形成明显的墓室砖结构平面轮廓。

3.3 出土遗物

此墓葬未发现完整的砖砌墓室结构，也未发现葬具、人骨等遗存。出土遗物主要来自墓室和墓道内部的砖瓦堆积中，包括12件卷云纹瓦当和1件陶案足。另外，砖瓦堆积中发现的较大块带彩绘白灰墙皮也做了整体提取。

3.4 小结

M4的方向和位置特征（与曹操高陵陵墓M2在一条东西向中轴线上）表明其与高陵存在密切关系，但是规模明显小于高陵。墓道及墓室内所出土的卷云纹瓦当与陵园内发现的瓦当形态一致，出土的案足与M2出土的案足（发掘报告第165、166页所称的“支架”）形态相似，表明该墓葬与高陵及陵园的时代特征一致。因此可以确认其是高陵的陪葬墓之一，并且可能是在修筑高陵的同时或者稍后就已经开始规划建设。墓道两侧地表所见的砖砌遗迹与高陵墓道两侧的磬形坑类遗迹很可能有相似的用途。

该墓葬内未见完整的砖砌墓室结构，然而上部堆积的发掘结果表明并未遭到盗扰。根据墓室底部的白灰地面、周围的夯土带及残留的砖墙结构、白灰勾勒出的墓室平面结构判断，该墓葬的墓室可能曾经建成，但是后因某种原因被毁弃。墓室内的砖壁绝大部分被拆毁，只留下极少部分墙基。拆除之后的砖块被填在墓室和墓道底部。

墓室和墓道底部砖块几乎无完整者，大部分是1/2或者1/3的碎块，可见是经过简单的破碎处理。同时墓室砖块堆积的顶部比较平整，人为处理的痕迹明显。砖块堆积的上部用夯土充实填平，夯层均匀平整。结合这些特征判断，墓葬的毁弃并不是某种简单的报复性破坏行为。

墓葬地表除了墓道两侧的小型砖砌结构之外，并无其他同时期建筑遗迹。墓道两壁上也未见壁画痕迹，墓室内破碎的部分砖块表面虽有白灰，但是未见彩绘痕迹。因此墓葬内原有壁画的可能性不存在。故墓道和墓室内发现的瓦当和带彩绘的白灰墙皮可能不是来自M4本身相关的建筑或者壁画。结合2016年高陵陵园发掘结果，我们认为这些与建筑相关的遗存应该是来自陵园毁弃之后的遗物。

根据上述线索我们得出如下认识：①M4在黄初三年曹丕下令毁坏陵园建筑之时可能已经建成（或者接近建成）但未使用，在陵园毁弃的同时被拆除，墓坑被仔细填平；②陵园内建筑毁弃之后，至少有一部分建筑废弃物回填于包括M4在内的废弃陪葬墓之中；③M4内发现的白灰彩绘墙皮说明陵园建筑可能存在壁画装饰。

4. 陵园西部晚期建筑遗迹

2010～2011年，在开展高陵陵园勘探的过程中，考古人员发现高陵西部取土坑以西的台地上存在大量建筑废弃堆积。这些堆积由密集的砖瓦和白灰组成，根据层位判断排除为近代建筑的可能性，但是要明显晚于曹操高陵的年代。该区域位于陵园正西部，且建筑废弃物分布面积较大，初步怀疑可能与晚期对曹操高陵的祭祀活动有关。由于该区域内大量的碎砖瓦块影响勘探工作的进行，仅依靠勘探无法弄清建筑堆积的具体年代和功能形制。为了确认这些遗存的性质，了解曹操高陵附近历史地理环境的变迁，2012年河南省文物考古研究所在发掘M4的同时，对该区域进行了部分发掘。

4.1 遗迹遗物简介

此次发掘以勘探线索为基础，布设10米×10米探方8个，实际发掘面积813平方米（图12）。清理建筑基址2处、灰坑24处、灰沟5条、窑址1处、灶址1处、水井1眼，出土遗物包括陶、瓷、釉陶、铁、铜、银、石、骨等质地，可复原器物1090余件，时代跨越汉、隋、唐、北宋、金、元、清，这些遗物真实地展示了高陵陵园废弃之后当地历史环境的变迁。

该区域发掘出土的汉唐时期遗迹遗物较少，出土遗物包括汉五铢2枚，隋代支烧2枚、垫圈1件，唐代开元通宝、乾元重宝共计17枚。这些遗物主要是在较深的地层中出土，未发现特殊遗迹现象。

宋金元时期遗存为此区域的主体。本次发掘揭露房基2座

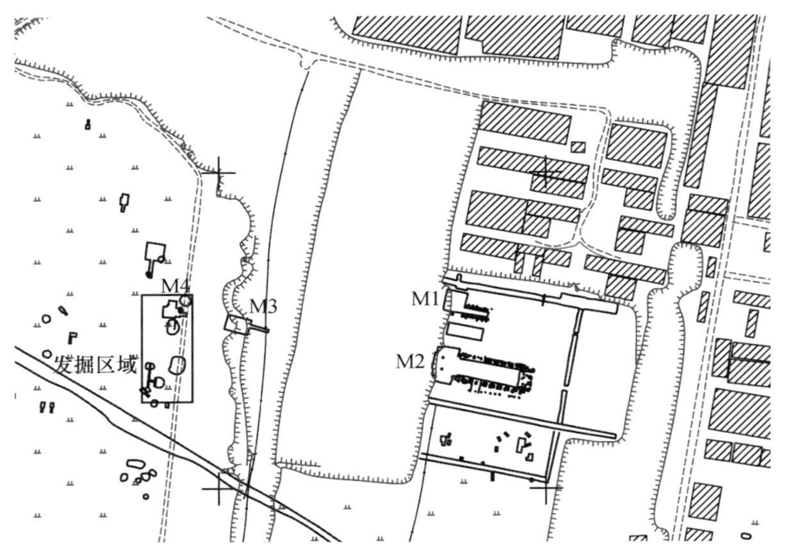

图12　陵园西部建筑遗迹位置和发掘区域

（F1、F2），均保存有高度不等的砖砌房基，出土陶构件、瓦当、滴水、釉陶脊饰等建筑构件。另有灰坑、灰沟、灶、排水沟等与建筑相关联的遗迹，出土大量陶瓷器、铜钱等遗物。

铜钱中铭文可辨识的北宋钱币有115枚，包括太平通宝、淳化元宝、至道元宝、咸平元宝、景德元宝、祥符元宝、祥符通宝、天禧通宝、天圣元宝、景祐通宝、至和元宝、治平元宝、熙宁元宝、熙宁重宝、元丰通宝、元丰重宝、元祐通宝、绍圣元宝、元符通宝、崇宁通宝、崇宁重宝、大观通宝、政和通宝、宣和通宝等24种年号钱，以及皇宋通宝、圣宋元宝等非年号宋钱。另有元代至元通宝1枚。

陶瓷器包括文娱用具、生活用具等。其中文娱用具有骰子、棋子、模型瓷碟、圆瓷片、红绿彩人俑、动物俑、炉、熏盖、花口瓶、器座等；生活用具有炊具、食器、茶具、酒具、储藏器、寝具等。瓷器通过窑口分析可推断主要有磁州窑系、钧窑系、定窑系等，尤以附近的磁州窑白地黑花产品占绝大多数[①]。器物的年代从北宋延续到金元时期。一方面，发达的陶

① 明朝方. 安阳市西高穴遗址出土瓷枕研究. 黄河·黄土·黄种人, 2019 (22).

瓷贸易反映了宋金元时期当地社会经济的繁荣。另一方面，遗址出土遗物多为民众日常生活实用器，制作水平一般，遗物的使用者应为普通民众。

已发掘区域只占整个建筑遗存区域的1/5左右。房基虽然只揭露极少部分，但是可以看出其排列整齐，地下铺设砖砌排水管道通往东侧南北向走势的G2（图版52、图版53），说明房屋建筑有着仔细的规划。如此丰富的出土遗物，尤其是钱币和各种文娱用品的发现，表明遗址上在宋金元时期曾经有大量的社会活动。特别值得注意的是，遗址所见大型琉璃和陶质建筑构件（图版54～图版56），说明此地存在过规模较大、等级较高、有别于一般民居的建筑。

2009～2010年，安阳市文物考古研究所在配合南水北调中线工程建设过程中，发掘了北宋时期著名宰相韩琦（1008～1075年）的家族墓地，在位于墓地南端的拜殿遗址上发现一批建筑遗物，包括不同形制和纹饰的瓦当及琉璃建筑构件等[①]。陕西蓝田北宋吕氏家族墓园的家庙遗址也出土了大量建筑遗物，包括一件三彩龙头脊兽[②]。曹操高陵陵园西侧晚期建筑遗址出土瓦当及琉璃建筑构件与韩琦家族墓地拜殿遗址和吕氏家族墓园家庙遗址所见十分接近，进一步证实了其始建年代为北宋时期，并且可能与墓地祭祀活动有关。

明清以后的遗存明显减少，只发现两座清代合葬墓，出土康熙通宝、乾隆通宝、嘉庆通宝、道光通宝、咸丰通宝等72枚钱币及少量陶瓷器。说明该遗址在明清时期的功能已经发生了明显改变，不再被作为居住址使用。

① 河南省文物局. 安阳韩琦家族墓地. 北京: 科学出版社, 2012: 16-20.

② 陕西省考古研究院, 西安市文物保护考古研究院, 陕西历史博物馆. 蓝田吕氏家族墓园. 北京: 文物出版社, 2018: 40.

4.2 小结

在这一区域发掘出土的遗迹遗物表明，陵园废弃之后很长一段时间内，附近的社会活动较稀少，至少没有比较集中或者频繁的活动，这种情况一直延续到北宋。北宋及金代遗址附近的活动突然出现一个高峰：在陵园西部出现了一片经过仔细规划的、明显区别于普通民居的建筑群，并且曾经有相对密集的人口（根据出土生活用具的种类和数量判断）、频繁的文娱活动（根据出土钱币和文娱用具的数量判断）。这些建筑在元代以后即被废弃，清代已经变成墓地。根据目前发掘出土的钱币和瓷器年代特征判断，遗址上的建筑可能始于北宋早期，并且可能与祭祀活动有关，大规模活动在金代时期达到高峰，元代衰落。

自黄初三年曹丕下令毁掉寝殿建筑之后数百年间，文献中一直没有直接与高陵相关的重要活动记载。这种情况一直持续到唐代才有改变，《资治通鉴》卷一百九十七记载：“（贞观十九年春二月）癸亥，上至邺，自为文祭魏太祖。”唐太宗虽然曾拜谒高陵，也只是在征高句丽的途中顺道而为，并未长时间停留或举行大规模活动，因此不大可能留下大量的遗迹遗物。最后两次有官方记载的活动一是北宋乾德元年宋太祖下诏对历代先贤帝王陵墓设置守陵户加以保护，其中魏太祖曹操的陵墓设置三户守陵户；二是乾德四年《前代帝王置守陵户祭享禁樵采诏》再次要求对魏太祖等帝王“置守陵三户，每岁一享”。北宋最高统治者的这两次先后下诏保护的陵墓中都包含魏太祖的高陵，并且不仅仅是简单的保护修缮，还要求设置三户守陵户。

因此在历史文献记载中，晚期与高陵相关的、可能留下特殊物质遗存的活动也是在北宋时期开始，与考古遗存反映的情况十分接近。自此之后高陵再次从官方文献中消失，南宋时期“疑冢”之说出现，并散布渐广[①]。虽然目前并没有直接证据表明这些建筑就是北宋初年为高陵设置的守陵户，但是考古

① 王子今. 曹操“七十二疑冢”辨疑. 文博, 2010 (1).

发掘遗物反映的建筑功能以及陵园附近晚期社会活动发展变化情况与文献记载颇有可对比之处。

另一个值得注意的现象是，在建筑遗址东侧有一坑道形式的遗迹。该遗迹位于房基外侧，平面开口呈不规则形状，向下打破M4的北侧室中部（图版34左侧）。底部向东、斜向下延伸，后逐渐向东南、南、西南弯折，一直延伸至M4墓室内部。坑壁不规则，可容一人通过，底部西端有部分铺砖，其余个别位置有台阶。最初因为底部的铺砖被判断为窑的烟道（因此命名为Y2）。随着清理的进行，底部向下延伸并转向M4墓室方向，推测可能是盗洞。最后该坑洞并未一直延伸至M4墓室底部，而是在中途停止。遗迹的底部形状不规则，没有人骨遗存，发现鸡腿瓶、釉陶盆等生活用器皿，均为完整器，另有数件接近完整的白瓷碗和部分白瓷碎片。根据这些特征判断可能是躲避战乱的坑道遗迹。出土器物的年代为金代，因此可能是当地人为了躲避战乱而在房址附近挖筑的临时设施。类似的遗迹在南阳邓州陈郎店遗址也有发现，年代与此相近①。

① 为配合南水北调中线受水区供水配套工程建设，河南省文物考古研究院于2013年发掘该遗址。相关材料在内部业务交流会上公布，未公开发表。

坑道迹象表明，金代时期此地可能遭受战乱，人们生活受到比较严重的影响。地面建筑虽然在金代时期还沿用，受战乱影响，其居住的人群可能已经完全不同。假如这些建筑最初是北宋时期根据官方要求设立的守陵户，此时其设立的初衷可能已完全被遗忘，变成了其他性质的住所。社会环境的变迁、人群的迁徙、守陵户的废弃，直接导致曹操高陵的具体位置被遗忘。因此我们认为，这些宋元时期建筑遗存对于研究北宋时期对曹操高陵的祭祀活动提供了重要线索，同时也反映了陵墓周边历史风貌的变迁。

由于当时的工作重点在陵园和陪葬墓，同时考虑到将来保护展示的需要，2012年的发掘并未对此处晚期建筑遗存进行全部揭露。发掘过程中揭露的砖砌房基、排水沟等设施也原地保存。已发掘的资料正在整理中，将做专门报告发表。未来在合适的时机下，对此区域进行再次全面发掘研究，可能会为守陵户及相关问题研究提供新的线索。

5. 陵园与陪葬墓研究

2010～2017年，河南省文物考古研究院先后数次对陵园及陪葬墓展开调查、勘探和发掘工作，最终在现有条件下最大限度地解决了陵园与陪葬墓相关问题，将曹操高陵相关研究推向一个新的阶段。

考古勘探和发掘结果表明，曹操高陵在陵墓（M2）周围存在陵园建筑。整个陵园以M2为中心修建，可能是内墙外壕沟式结构。北侧与其平行的西高穴M1叠压在陵园内墙之下，与M2不是同时期遗存。陵园东部壕沟向东位置存在大面积建筑遗迹，墓葬南边到南部垣墙之间也存在规格和形制不同的建筑遗迹，说明东部和南部建筑的功能明显有别。所有建筑遗迹都被人为拆毁，只留下夯土柱础，部分柱础中间的柱洞被碎瓦块填塞。陵园范围内建筑废弃遗物极少，只发现两块完整的卷云纹瓦当（2011年发现一个碎块）和一块板瓦碎片。根据揭露的建筑规模看，大量的建筑废弃物应当是被有意清理，并在陵园以外位置填埋。垣墙基槽以上部分不存，墙外壕沟内用夯土块（不是原生夯土）填平，夹杂部分碎瓦块等建筑废弃物。这些现象均说明陵园建筑是被人为拆毁，但是与报复性毁坏有明显区别——拆毁之后对现场进行了仔细清理。我们判断这次拆毁陵园建筑的行为很可能就是文献记载的黄初三年曹丕下诏毁高陵祭殿之事。

前期根据时代、位置、方向和规模等特征综合判断，在高陵西部勘探发现的4座东西向墓葬很可能是高陵的陪葬墓，位置特征表明它们经过了仔细规划。通过对保存较好的M4进行发掘，进一步确认了这些墓葬与高陵的密切关系，可以肯定它们属于高陵的陪葬墓。在勘探和发掘的基础上，我们对高陵陪葬墓得出如下认识。

首先，高陵存在仔细规划的陪葬墓群，位于陵墓正西位置，自东向西直线排列，呈现独特的位置和布局特征。

其分布特征与两汉时期和其后的西晋、唐代都有明显区别。西汉帝陵的陪葬墓主要分布在帝陵的北边或者东边，尤以东边司马道两侧居多——有学者认为这种布局可能体现了王充《论衡》中“夫西方，长老之地，尊者之位也。尊长在西，卑幼在东”的尊卑观念[①]。东汉时期贵族大臣的陪葬墓是相对于帝陵区的集中式陪葬，与西汉时以单个帝陵为中心的陪葬墓区相比发生了重大变化，方位及陪葬方式也多有不同[②]。偃师的首阳山西晋帝陵目前发掘证实的陪葬墓位于帝陵的西南侧[③]，但是还没有更加详细的资料可以研究。唐代的帝陵陪葬墓区自昭陵以后确定在帝陵的东南方向[④]。

如同其墓葬形制、规格等特征表现出的特殊性一样，曹操高陵陪葬墓群的这种状况应当也是反映了丧葬礼制转型时期的新特征：一方面陪葬墓东西向呈直线排列的情况与西汉帝陵，尤其是安陵的情况相近；另一方面陪葬墓位于陵墓西侧的布局又与西汉时期存在明显差别。

由于东汉和魏晋时期的帝陵陪葬墓大部分尚未得到确认，目前关于曹操高陵之前和之后的帝陵陪葬墓制度尚缺乏清晰认识，故高陵陪葬墓的这种方位和布局特征是否也有承前启后的特点，目前尚不宜给出定论。但可以肯定的是，高陵陪葬墓所表现的这种布局特征显然能够为探索东汉和魏晋时期帝陵陪葬墓问题提供十分有价值的线索。

① 曹龙. 西汉帝陵陪葬制度初探. 西安: 西北大学, 2009.

② 张鸿亮, 卢青峰. 略谈东汉帝陵陪葬墓茔域问题. 华夏考古, 2014 (3).

③ 洛阳市第二文物工作队, 偃师市文物局. 河南偃师市首阳山西晋帝陵陪葬墓. 考古, 2010 (2).

④ 英卫峰. 唐代帝陵陪葬墓研究. 西安: 西北大学, 2011.

其次，高陵规划的陪葬墓数量不多，墓葬的规模不大。

目前在陵园周围勘探发现的数百座墓葬中，我们根据时代、位置、方向、规模等特征推测M3～M6这四座墓葬很可能为陪葬墓，M4的发掘结果证实这一推测是可信的。除这四座墓葬之外，东、西、南三侧还有大量密集分布的南北向小墓，西北城岸地和陵园南部600多米位置有一些规模较大的墓葬。这些墓葬规模都明显小于高陵，无论是位置还是方向特征都看不出与高陵存在明显关系，没有证据表明它们是高陵的陪葬墓群。虽然不能排除在陵园附近这数百座墓葬中也有少数陪葬高陵的个体，但是整体上高陵的陪葬墓群规模并不大，至少能够明显看出与高陵存在关联的墓葬数量不多。

张国安对可能陪葬高陵的人选进行了比较详细的分析。他认为最保守的估计是，自建安二十三年曹操选定“西门豹祠西原上为寿陵”到曹丕黄初三年拆毁高陵寝殿期间死亡的魏国及跟随曹操建功的汉廷大臣都应该陪葬，至少有夏侯惇、夏侯渊、程昱、张辽、乐进、于禁、庞德等7人，另外还有迁葬的邓哀王曹冲[①]。

曹定云对可能陪葬的人员，包括曹操的25个儿子和13名近臣进行了逐个分析[②]。这13名近臣中也包括张国安列举的夏侯惇、夏侯渊、张辽、乐进、于禁等5人，两个名单合计包括近臣15人。其中曹纯、庞德、乐进和夏侯渊4人均早于曹操去世，无陪葬可能。夏侯惇与程昱2人在曹操去世、曹丕继位之后不久逝世，似乎有陪葬可能，但是文献并无陪陵记载。张辽于黄初三年年底左右在江都去世（十月与曹休一同讨伐孙权并获胜之后）；曹仁、曹洪、曹真、曹休、夏侯尚、徐晃、张郃、于禁等8人均在黄初三年之后去世，这些人没有陪葬高陵的记载。而且曹休的墓葬已经在洛阳得到确认，因此其他去世于黄初三年之后的人葬于洛阳的可能性也要大于陪葬高陵。故

① 张国安. 颠覆曹操墓. 北京: 东方出版社, 2010: 123-124.

② 曹定云. 魏武王铭刻是曹操墓铁证申说. 中原文化研究, 2014 (3).

这些近臣名单中并无明确陪葬高陵的人，从去世时间上也能排除绝大部分人陪陵的可能性。

曹操当时虽然权倾朝野，但是仍然尊奉汉朝皇帝不愿篡位。因此不可能将其近臣之外的其他汉室贵族纳入为自己陪陵的名单中，能纳入名单的只能是自己麾下的文臣武将等。据此可以推测，与高陵同时规划的陪葬墓数量应该不会太多。因此目前未发现大量陪葬墓的情况是合理的。

最后，陪葬计划并未执行完毕，很可能在黄初三年寝殿废弃之后就停止了。

从M4发掘结果看，位于陪葬墓行列自东向西的第二座墓葬建成之后可能未使用就与寝殿同时毁弃，因此陪葬计划可能也在此之后就停止了。从逻辑顺序上看，M4西侧的两座陪葬墓无论是否建成，很可能也在此时被一同毁弃。

在曹操去世之后、寝殿被毁（黄初三年）之前的这三年时间内去世的可能随葬的大臣更少。上面列举的15名近臣中只有夏侯惇与程昱于曹操逝世之后不久去世（但文献并无这两人陪葬高陵的记载）。张辽去世时间是黄初三年底，可能在高陵寝殿被毁掉之后，陪葬高陵的可能性不大。这也进一步支持曹操高陵陪葬数量不会太多的推测。

考古勘探和发掘结果表明，高陵的陪葬墓确实是存在的，有规律地分布于陵园西部，但是数量并不多。与高陵主墓葬相比，陪葬墓规模也明显较小。目前能够确认的陪葬墓只有4座，其中M4可能已经建成但并未使用，在陵园毁弃之时也一并被拆毁回填。文献分析表明，曹操的亲信近臣中并无一人明确记载陪葬高陵。这说明高陵未曾规划大量的陪葬墓，与考古揭露的现象是一致的。

尤其值得注意的是，陪葬墓M4墓道底部所填建筑废弃物中，大块彩绘白灰墙皮说明高陵的陵园建筑中可能存在彩绘等比较复杂的装饰。这为进一步了解陵寝建筑细节提供了重要线索。

整体而言，对于陵园和陪葬墓的认识是一个逐渐丰富和完善的过程。可以肯定地认为，陵园相关问题的解决，对于解决陵墓本身及陪葬墓相关的诸多问题具有至关重要的价值。至此，陵墓、陵园、陪葬墓这三个关键要素得以有机整合，不仅使得西高穴M2的考古学特征更加清晰，也为研究东汉魏晋时期帝陵制度提供了十分有价值的参考。

曹操高陵研究综述（1983～2021年）

2009年12月27日，河南省文物局公布安阳曹操高陵考古发现，随后引起了空前的关注和热烈讨论。围绕这一考古发现展开的讨论被称为“曹操墓真假之争”，在多个版本的“2010年中国十大文化事件”名单上都占据一席之地。曹操高陵相关问题本身是一个考古学术问题，但是其引起的关注之广泛、参与讨论的人数之多、相关争论程度之激烈，不仅在中国考古学领域属于史无前例，甚至在整个人文社科领域也罕见。

参与这场大讨论的人群中，除了各高校和研究院所的历史考古学者之外，还有大量不同专业背景、不同职业的社会各界人士。参与讨论的方式，除了在学术类刊物发表专业文章或出版论著之外，更多的是在各种类型的媒体（报纸、电视等）上以接受采访的方式发表意见，或者是在网络平台（当时主要是新浪博客和各类贴吧）上撰文发表个人看法。2010年，各类媒体对曹操高陵这一话题表现出了空前的欢迎和包容，相关内容长时间占据各种传统媒体和新媒体的头条或热点，几乎各种规模、所有类型的媒体都有过多次报道。

这种情形看似提高了这一考古发现的社会知名度，但是对于学术研究或者公众科普来说并无裨益。从某种程度上讲，不少参与者将这场讨论当作个人情绪宣泄场。铺天盖地的信息轰炸中充斥各种偏激的观点和离奇的杜撰，反而使得来自学者的科学声音几乎被淹没，这对于一个学术讨论来说无疑是极不正常的。同时，大量传统媒体和新媒体为了紧跟热点赚取流量，对消息来源不加任何甄别筛选，用各种离奇标题和失真内容来吸引读者，给公众进一步造成了误导。仅举一例，即使在这一考古发现公布十余年之后、在考古发掘简报和报告都出版之后的今天，各种搜索引擎上查找关键词为“曹操墓”或“曹操高陵”的图片，排名前十的结果中至少有两个是洛阳曹休墓（相关信息源均将之当作曹操墓）。这说明时至今日仍然有大量媒体发布的相关信息是错误的，而不仅仅是不准确——这反映了相关平台极不负责任的态度。错误的报道不仅影响了中国公众对这一考古发现的真实认知，甚至影响到国外的读者。某些国外考古网站在介绍曹操高陵考古发现时，也使用的是曹休墓照片——这显然是受中文媒体上错误信息影响的结果。

各种信息来源之复杂和谬误之普遍，使得我们在进行曹操高陵研究综述之前有必要对它们进行甄别和筛选。白云翔先生在这场大讨论出现之初已经注意到相关问题，他指出曹操高陵的问题从根本上说只是一个学术问题，因此应当采取学术讨论的方法来解决。关于学术讨论的方法，他指出要摆事实、讲道理、平心静气、平等民主地讨论[①]。因此，为了既能够全面展示不同的研究观点，又能够保证信息来源的可靠性，本研究的综述中只考虑公开出版的著作、正规学术期刊和《光明日报》《中国社会科学报》《中国文物报》等权威报刊上公开发表的文章，信息报道类只参考《人民日报》《河南日报》等官方报刊媒体。在各类媒体采访报道中表达的个人观点、各种讲座活动上表达的看法（未形成文字正式发表的），以及个人在网络自媒体上发表的见解认识等，不纳入讨论范围。

① 白云翔. 安阳西高穴大墓是否为曹操高陵之争的考古学思考. 光明日报, 2010-1-26(12).

曹操高陵考古发现与研究过程中，以下几个关键时间点分别代表了研究的不同发展阶段：2009年12月27日河南省文物局发布曹操高陵认定结果[①]；2010年5月17日河南省文物局发布洛阳曹休墓考古成果[②]；2010年8月曹操高陵考古简报发表[③]；2016年10月曹操高陵考古报告出版[④]；2016年11月16日洛阳西朱村曹魏大墓考古成果发布[⑤]；2018年2月曹操高陵陵园考古发掘简报发表[⑥]。

十余年中，围绕曹操高陵相关问题展开的研究不仅内容丰富，数量也十分可观。为了能够更加清晰地展现曹操高陵研究的历史过程，梳理各类学术观点的出现和发展情况，本书以上述关键事件中的四个直接相关事件，即新闻发布会、墓葬简报发表、墓葬报告出版、陵园简报发表为节点，将曹操高陵研究历史划分为五个阶段。下文的综述将按照这五个阶段分别展开。

1. 考古结果发布之前

在黄初三年曹丕下诏毁掉高陵祭殿之后，关于曹操陵墓的直接信息就几乎消失于正史记载。此后1800多年的历史中，仅在个别历史事件，如唐太宗拜谒高陵、宋太祖下令设置守陵户之时有寥寥数语提及，并未着太多笔墨；反而是在文人墨客的诗文中多有提及。随着《三国演义》的流行及“七十二疑冢”之说的广为传播，民间普遍认为曹操之陵墓必然是无迹可寻。因此长期以来并没有学者对曹操陵墓问题开展相关研究，亦无人关注史书所记载高陵位置与“七十二疑冢”之间存在的矛盾之处。

近代以来，最早公开发表的曹操陵墓相关研究见于1983年。陈显远撰文指出，所谓曹操的“七十二疑冢”之说都是南宋以后受朱熹“尊蜀贬魏”思想的影响而产生的，而讲武城

① 李韵. 西高穴大墓是曹操的陵墓. 光明日报, 2009-12-28 (5); 李政, 张俊梅. 专家考证河南安阳安丰东汉大墓为曹操高陵. 中国文物报, 2009-12-30 (1).

② 陈茁. 洛阳发现曹休墓, 类似安阳曹操墓. 河南日报, 2010-5-18 (1).

③ 河南省文物考古研究所, 安阳县文化局. 河南安阳市西高穴曹操高陵. 考古, 2010 (8).

④ 河南省文物考古研究院. 曹操高陵. 北京: 中国社会科学出版社, 2016.

⑤ 温小娟. 洛阳发现曹魏时期高等级墓葬. 河南日报, 2016-11-17 (6).

⑥ 河南省文物考古研究院, 安阳市文物考古研究所, 曹操高陵管理委员会. 安阳高陵陵园遗址2016—2017年度考古发掘简报. 华夏考古, 2018 (1).

外的那些一度被认为是疑冢的坟丘则是北魏北齐皇族陵墓[①]。《人民日报》在1988年3月8日头版刊发题为《“曹操七十二疑冢之谜”揭开》的文章，进一步指明过去在民间传说中被认为是曹操“七十二疑冢”的古墓实际上是北朝的大型古墓群，确切数字也不是72而是134[②]。最早的这两篇文章主要是澄清“七十二疑冢”之谬，虽未涉及曹操陵墓本身，但是对之后相关研究有非常重要的意义。

1989年有学者开始发表文章讨论曹操陵墓的具体位置问题，并根据文献记载推测其极有可能在今安阳县灵芝村与临漳县刁文村一带[③]。作者根据1975年临漳县刁文村的东汉晚期墓葬“出土器物有陶鼎七”的情况判断“墓主当为王爵”，进而认为这座墓葬就是曹操陵墓。文中对陵墓位置的判断主要基于《三国志·魏武纪》中“其规西门豹祠西原上为寿陵”的记载，并以《述异记》中“石虎（犬）铜驼”与相关地名的关联做出推断。后者属鬼异类小说，以其记载内容作为研究曹操陵墓方位的证据实为不妥。而作者所述1975年刁文乡东太平村汉墓之事，未见任何公开报道或者发表任何考古资料，墓葬的具体位置、形制结构等信息均无从得知。因此该文虽然可以称为曹操陵墓位置研究的开创之作，但是实际参考价值有限。值得一提的是，作者同时也驳斥了“七十二疑冢”之说，并指出《聊斋志异》和《坚孤续集》所记“许城水中”说和“漳水底”之说与“七十二疑冢”一样均为传说，不足为信。可见在20世纪80年代有学者开始关注曹操陵墓的具体位置之前，“疑冢”说已经被多次否定，并有相关的考古证据作为支持。

进入20世纪90年代，逐渐有更多学者开始关注曹操陵墓具体位置并展开研究。《邯郸日报》1997年10月7日刊发刘心长所作《曹操墓研究》，该文也认为“疑冢”之说始于宋代，进而根据文献资料推论曹操墓位置在河北省邯郸市磁县时村营

① 陈显远. 曹操“七十二疑冢”辨. 河南大学学报（社会科学版），1983 (4).

② “曹操七十二疑冢之谜”揭开. 人民日报，1988-3-8 (1).

③ 张之，乔文泉. 曹操墓何在. 郑州大学学报（哲学社会科学版），1989 (2).

乡中南部和讲武城乡西部约5平方千米的范围内[①]。该位置推论的基础仍然是《三国志》所载曹操陵墓与西门豹祠的位置关系，而西门豹祠位置的判断则是基于地面调查所见东魏北齐遗物以及“当地群众中有西门豹祠的传说”。至于其他证据诸如“武吉村的‘武吉’二字很似‘武帝’谐音”“西曹庄村可能与曹操墓守陵人有关系”“朝冠村可能与祭陵整衣冠有关系”等，显然是作者在认定曹操陵墓位置的基础上做出的延伸推测，难免附会之嫌。该文章内容与作者后来出版的专著《曹操墓研究》部分内容基本一致，可以说明他关于曹操陵墓位置的认识最迟在1997年已经形成。

① 刘心长. 曹操墓研究. 邯郸日报, 1997-10-7.

1998年鲁潜墓志的发现是曹操陵墓研究史上一个重要事件，这是“魏武帝陵”的名称首次在晚期墓志中出现，或者说首次见于传统文献之外[②]。尽管该墓志是在村民取土过程中偶然发现，具体出土位置和墓葬背景信息不详，但是这一线索首次将曹操陵墓位置缩小到更加具体的范围，并且引起了新一轮相关讨论。

② 邓叶君, 杨春富. 安阳出土十六国后赵鲁潜墓志. 中国文物报, 1998-6-28 (1).

2000年，刘心长出版专著《曹操墓研究》[③]，这是第一部关于曹操陵墓的专著。但是此书中和墓葬直接相关的内容仅占不到四分之一，包括前述《邯郸日报》刊发的文章、以问答方式阐述的个人见解、历代有关曹操陵墓记载的梳理、早年部分相关新闻报道等，其中主要部分为鲁潜墓志有关研究。根据新发现鲁潜墓志的记载，作者认为该墓志记载的魏武帝陵方位与其最初推测的方位都在邺城以西，与其早年所推测区域仅一河之隔。尽管他认为在南区（漳河南，今河南安阳安丰乡一带）的可能性要小于北区（漳河北，即1997年所提出的时村营乡中南部和讲武城乡一带），这说明因为鲁潜墓志的发现，刘心长对曹操陵墓位置也有了新看法。

③ 刘心长. 曹操墓研究. 北京: 中国文史出版社, 2000.

2002年，根据鲁潜墓志的记载，党宁首先明确提出“(魏武帝曹操）高陵应在安阳县安丰乡高穴至渔洋一带”[①]。2003年，龙振山根据鲁潜墓志内容以及个人在附近采集的文物判断曹操陵墓应当在现西高穴村一带[②]。这两篇文章都是根据鲁潜墓志的记载将曹操陵墓位置判定在西高穴村附近，但是其中有关高穴村名与高陵关系的推测，附会之色彩也很明显。

2005年，之前被学者视为传说而一笔带过的“漳水底说”意外地获得了关注，有学者撰文认为这种说法有合理之处，“是值得重视的”[③]。然而在这篇文章中，除了18世纪朝鲜人所听到的一个传说之外，作者并未提供更多依据。该学者认为“漳水底说”值得重视的根本原因是大家对曹操墓寻找多年并无所获，故这种可能性值得考虑——其所言之证据及逻辑，其实并无科学之处。这一说法此后再也无人提及。

此前的研究均为历史学者或民间文史学者所作，2008年首次有考古学者关注并介入曹操陵墓位置的研究。河南省文物考古研究所潘伟斌分别在《故宫文物月刊》[④]和《报林》[⑤]刊发文章，提出他个人对曹操陵墓位置的认识。两篇文章内容大体相同，除了此前学者均有提及的《三国志》文献记载和鲁潜墓志文字线索之外，他还提供了新的材料，即2006年在安阳县安丰乡西高穴村南部东汉大墓被盗掘出土的文物——刻有“魏武王家用”的文物和一块画像石。根据这些材料他明确指出位于西高穴村西南部的这座被盗东汉大墓就是曹操墓。作为关键证据之一的器物铭文在两处文献中略有差异，《故宫文物月刊》上写作“武王家用”，《报林》上写为“魏武王家用”。因两篇文章都没有提供此文物的尺寸、质地、形状等具体情况和照片，这种差异出现的原因也无从探究。

根据后来出版的考古报告中所附“曹操高陵大事记”[⑥]，2008年2月河南省文物考古研究所开始筹备对西高穴村西南部被盗东汉大墓，即潘伟斌判断的曹操高陵的抢救发掘工作，同

① 党宁. 由“鲁潜墓志”探寻魏武帝陵. 殷都学刊, 2002 (4).

② 龙振山. 鲁潜墓志及其相关问题. 华夏考古, 2003 (2).

③ 晁中辰. 曹操墓在漳河水下之一说. 文史杂志, 2005 (1).

④ 潘伟斌. 曹操高陵今何在. 故宫文物月刊, 2008 (306).

⑤ 潘伟斌, 裴韬. 这儿就是曹操墓. 报林, 2008 (12).

⑥ 河南省文物考古研究院. 曹操高陵. 北京: 中国社会科学出版社, 2016: 321-326.

年12月12日发掘工作正式开始。

对上述研究的发展历程略作小结：①自20世纪80年代以来，“七十二疑冢”之说已经被多位学者先后否定，即便是个别考虑更加离奇的“漳水底说”的学者也不支持“疑冢”说，足见其全无可信之处；②关于曹操陵墓具体位置的讨论始于80年代末，最早认为漳河两岸皆有可能（即刘心长提出的南区和北区），其后有学者将其进一步缩小到安丰乡西高穴村和渔洋村一带，之后进一步将其指向西高穴村南部的被盗东汉大墓。而关于曹操陵墓位置认识的变化，则都分别与新材料（鲁潜墓志和被盗刻铭文物）的出现有关。

“疑冢说”不成立、曹操陵墓位置在漳河南北区域，这是在曹操高陵考古工作开始之前就已经形成的观点，且很长时间内并未有人提出异议。尤其在1983年之后的二十余年中，无论学者对陵墓的具体位置认识存在何种分歧，大家对“七十二疑冢”说的否定是一致的。

2. 新闻发布会至简报发表

2009年12月27日，河南省文物局组织专家在北京召开新闻发布会，公布曹操陵墓考古发现。发布会上列出了6项证据，包括墓葬规模、出土器物年代、墓葬位置、薄葬特征、“魏武王”刻铭、男性遗骨年龄鉴定结果等，综合这些证据，专家认为安阳县西高穴村南部东汉大墓墓主为魏武帝曹操[①]。

发布会的消息由新华社等官方媒体发布之后，迅速成为舆论热点，大量“质疑”声音很快出现在各类媒体平台上。针对这种情况，河南省文物考古研究所于2009年12月31日下午专门举行“曹操高陵考古发现说明会”，回应各方质疑。说明

① 李韵. 西高穴大墓是曹操的陵墓. 光明日报, 2009-12-28 (5); 李政, 张俊梅. 专家考证河南安阳安丰东汉大墓为曹操高陵. 中国文物报, 2009-12-30 (1).

会上专家主要解释了“七十二疑冢”之说的传说性质、“魏武王”刻铭石牌的考古出土背景信息等焦点问题，相关内容在新华社和《光明日报》发布[①]。

发布会之后，除了社会各界人士在媒体上发表自己的见解之外，不同领域的学者也开始从学术角度对这一考古发现进行讨论分析。为了能够全面地梳理各方研究观点，并观察不同阶段所发表观点的特征，下面按照时间顺序对发布会到考古发掘简报见刊（2010年8月）这一阶段公开发表的不同观点进行综述。考虑到学术文章见刊需要一定周期，很多文章虽然见刊在2010年8月之后，但是文稿可能在8月之前已经写成。因此这里统计的期刊文章时间顺序主要依据文章的收稿时间，无收稿时间信息的以其所发表刊物的2010年度最后一期为限。报纸文章见刊速度较快，因此以实际刊登日期为准。

2010年1月8日，曹操高陵考古工作负责人潘伟斌在《中国文物报》发文介绍曹操墓考古成果[②]。这是相关详细考古材料首次正式发表，除了介绍墓葬基本信息之外，还对被破坏的墓葬结构做了一些推测。作者认为4个耳室本来应该有石门封闭，并且部分墓门上应当有精美画像，但是这些迹象都被盗墓破坏。文章还详细介绍了墓葬中的遗骨信息，包括男性遗骨1具，年龄约60岁；女性遗骨2具，年龄分别为约50岁和20岁等详细信息。这也是墓葬中女性遗骨年龄信息首次公布。

2010年1月13日，焦南峰在《中国文物报》发文，认为从墓葬的地望、规模与形制、出土文物特征和墓主年龄特征等角度分析，西高穴东汉大墓的主人只能是曹操。他同时指出，两汉以前，所谓“合葬”并不是埋在一个墓内。因此墓中的两名女性可能均非卞后。就目前资料分析，正在发掘的1号墓的墓主有可能是“合葬高陵”的卞后[③]。

2010年1月18日《光明日报》刊发《探讨曹操墓真伪问

① 刘先琴. 河南文物考古研究所回应各方质疑. 光明日报, 2010-1-2 (3).

② 潘伟斌. 安阳西高穴曹操高陵发掘获重要成果. 中国文物报, 2010-1-8 (5).

③ 焦南峰. 安阳西高穴墓地应是曹操高陵. 中国文物报, 2010-1-13 (3).

题》一文，作者俞绍初教授认为关于曹操陵墓的结论“从历史文献学角度来观察，还存在着一些值得商榷的地方”[①]。这篇文章提出三个疑问：一是墓中两名女性，年龄分别为40岁左右和20岁左右，均与卞太后去世年龄（70岁光景）不符；二是出土的珠玉之类物品与曹操《终令》中“无藏金玉珍宝”的要求不符；三是“魏武王”称谓、挌虎大刀和慰项石等物品不合逻辑。最后作者认为该墓葬“倒像是曹操的疑冢之一”。这是第一篇在权威媒体上公开对考古结果提出商榷、按照学术方式开展讨论的文章。作者在提出疑冢可能性时，并未提及20世纪80年代以来学者对“七十二疑冢”说的否定。另外，作者关于两名女性年龄的描述与此前发掘者在《中国文物报》上发表的信息存在一定出入，不知其信息来源于何处。

① 俞绍初. 探讨曹操墓真伪问题. 光明日报, 2010-1-18 (5).

同时值得注意的是，类似“有两个都是女性，一为四十岁左右，一为二十岁左右”的内容也同时见于多家媒体平台发布的文章中，反映了相关信息的传播在很短时间内已经出现谬误。而此前在《中国文物报》上正式发表的年龄信息已经被大多数人忽略，以讹传讹的趋势非常明显。

2010年1月19日《中国社会科学报》集中刊载了刘庆柱、王子今、段清波、王巍、王学理、刘瑞、李梅田等考古学者关于曹操高陵的研究文章。刘庆柱从墓葬的形制规格、遗迹遗物所反映的年代、石牌的文字字体及用语特点、人骨年龄鉴定结果、其他出土旁证遗物、文献记载与遗存的对应关系等六个方面全面解释了曹操高陵的结论推定过程[②]。王子今从文献学的角度指出刻铭石牌所见“挌虎”符合汉魏时代的社会风尚，也反映了曹操的个人品性[③]。段清波认为目前的发掘资料所见墓葬形制、墓室结构、出土器物等符合汉末三国时期帝王陵墓应有的特征，加上“魏武王”刻铭，墓主身份判定结论是可信的[④]。王巍认为西高穴东汉大墓认定为曹操高陵，其过程是

② 刘庆柱. 曹操墓的考古学证明. 中国社会科学报, 2010-1-19 (1).

③ 王子今. 关于曹操高陵出土刻铭石牌所见“挌虎”. 中国社会科学报, 2010-1-19 (2).

④ 段清波. 从高陵发掘想到的. 中国社会科学报, 2010-1-19 (2).

科学的，但并不是最终结论——这不是对认定结果的怀疑和否定，而是考古发掘和研究工作科学性的体现[①]。王学理对七十二疑冢说、安徽亳州说等观点再次进行了分析和否定，并从铭文书体的角度指出刻铭器物没有造假的可能[②]。刘瑞认为“不封不树”就是薄葬的重要特征；《遗令》中提出的“无藏金玉珍宝”只能代表曹操本人的一种言辞和态度，并不能完全反映真实的丧葬情况，因此对《遗令》的理解要慎重；两具年轻女性遗骨可能分别属于刘夫人和丁夫人，卞夫人不一定就合葬在曹操墓中；画像石出土位置说明可能与墓葬本身并无多大关系，不排除为陵园建筑破坏之后遗存的可能[③]。李梅田认为曹操高陵从地面遗迹、随葬品种类和地下墓室结构等方面都体现了薄葬的特征[④]。

针对短时间内大量出现的各种质疑声音，1月26日白云翔在《光明日报》发文，从考古学研究方法的角度讨论相关问题[⑤]。他指出，根据墓葬的形制结构、地理位置、规模等特点加上出土遗物中指明身份的刻铭，初步可以推定西高穴大墓是曹操的高陵。出现大量质疑的原因包括考古知识普及不够、对新见现象的正常疑问、被盗多次导致墓葬信息不完整、考古工作尚未完全结束等。考古工作者应该继续细致科学的发掘清理，对公众关心的焦点问题进行深入分析研究。同时他还举例指出，考古发现的问题并不是都能够很快有“定论”，长期存在争论也是正常的现象。

在上述文章的同版，牛润珍以《曹操高陵疑信辨》为题发文认为，目前的证据可以初步推定西高穴村大墓为曹操墓，但是需要补充和完善相关信息：比如卞后墓葬的位置、陪葬墓位置等[⑥]。作者认为“魏武王”刻铭从称呼到字体风格都符合时代特征；墓葬究竟是真的“无藏金玉珍宝”，还是因为被盗而无存，值得注意；祔葬高陵的卞太后很可能葬在曹操墓旁边

① 王巍. 西高穴大墓与考古学的认知程序. 中国社会科学报, 2010-1-19 (2).

② 王学理. 拨开高陵疑云还原真实曹操. 中国社会科学报, 2010-1-19 (3).

③ 刘瑞. 曹操高陵四题. 中国社会科学报, 2010-1-19 (4).

④ 李梅田. “曹操墓” 是否 “薄葬”?. 中国社会科学报, 2010-1-19 (4).

⑤ 白云翔. 安阳西高穴大墓是否为曹操高陵之争的考古学思考. 光明日报, 2010-1-26 (12).

⑥ 牛润珍. 曹操高陵疑信辨. 光明日报, 2010-1-26 (12).

而不是同一墓穴中。这些观点对于后续的发掘和研究工作都具有重要指导意义。

《世界遗产》杂志在2010年第1期就曹操墓的相关讨论专门采访了刘庆柱和杜金鹏两位考古专家[1]。刘庆柱对曹操为何葬在安阳、随葬石牌的性质、七十二疑冢之误等进行了详细解读。杜金鹏认为目前关于曹操墓的结论是从方位、年代、墓葬等级、随葬品等四个方面综合推断出来的，即使换了另一批考古学家仍然会得出一样的结论。另外，他还对当前全民关注的“曹操墓现象”形成原因进行了分析，认为曹操特殊的历史地位、公众文化遗产意识增强、社会信任危机蔓延、考古信息发布的特殊时机、媒体过度关注等因素综合造成了这一现象。

① 雪涌, 志刚, 杜雪, 等. 说曹操——曹操墓. 世界遗产, 2010 (1).

王子今在《文博》2010年第1期专门撰文对“七十二疑冢”之说进行辨析[2]，再次根据文献记载证明这种说法只是宋代以来形成的传说，无任何依据。同时结合卞后祔葬高陵、高陵有“陵上祭殿”等记载说明曹操后人并没有刻意隐藏其陵墓位置，进一步指出“七十二疑冢”的传说性质。

② 王子今. 曹操“七十二疑冢”辨疑. 文博, 2010 (1).

对疑冢说的否定实际上在20世纪80年代以来已经多次提出，并且有考古证据支持。但是在曹操高陵考古发现公布之后的短时间内，此说又被提及并被大量媒体传播，形成较大社会影响，因此学者不得不再次、多次发文澄清这个问题。这一现象从另一个角度反映了学术研究成果与公众之间的距离，即在学术领域内已经普遍达成的共识，对于公众来说仍然十分陌生。

赵超2010年2月5日在《中国文物报》发文从刻铭学的角度对西高穴大墓出土的石牌进行了分析[3]。他认为，墓葬出土石牌铭文的书体是东汉末年流行的隶书，刀刻的痕迹与东汉碑刻的刻法相似；一些文字的结构也具有汉代的特点。这些石牌应命名为“楬”，是系在随葬品上面的说明牌。而记录随葬

③ 赵超. 西高穴大墓出土石牌的辨识与断代. 中国文物报, 2010-2-5 (3).

衣物这种习俗有长久的制度渊源，符合当时丧葬习俗。尤其“木墨行清”中的“行清”一词是东汉到曹魏时期对厕所的叫法，因此是一个具有明确时代特色的词语。

2010年2月12日，韩国河在《中国文物报》撰文对公众关注的相关问题进行解答。他认为从考古学角度看，西高穴大墓的形制和随葬品组合反映的年代特征与曹操年代吻合；随葬的整体特征也充分体现了薄葬的内涵[①]。尤其值得注意的是，他指出墓中出现金银铜铁珠玉之物，主要是合葬及行葬者所致，与曹操本身要求的薄葬并不矛盾。这与刘瑞的观点一致，即《遗令》中“无藏金玉珍宝”只是反映了曹操本人的态度或者意愿，并不能反映葬礼实施者（即行葬者）和后来合葬者实际开展的行为。

针对有人提出用山东曹植墓中人骨DNA来验证曹操身份的说法，炎龙指出曹植遗骨下落不明，用此方法来验证已经不可能[②]。发文的《科学大观园》为半月刊，第四期成文时间应早于2010年3月。

齐东方于2010年2月27日在《文汇报》刊文从考古学方法的角度分析曹操墓考古结论。他指出，西高穴M2的主证、副证、旁证都纷纷指向曹操，并形成证据链或者证据群。在多年的学术积累，通过大量资料建立的考古学时空框架、解释模型中，判定这座墓葬为曹操墓，完全不是凭空想象的推测，是符合考古学科特点、具有科学依据的[③]。

郑志刚在《书画世界》2010年3月号（总第138期）撰文对曹操墓出土石刻文字的书体和艺术风格进行了分析，认为其与传世汉刻风格一致。同时（追缴的）断为三截的画像石与山东嘉祥武梁祠画像石风格近似[④]。这是学者首次从传统考古研究（墓葬形制结构、随葬品形制组合等）之外的角度（书画艺术风格）来讨论相关问题。

① 韩国河. 有关河南安阳“曹操高陵”的几个问题. 中国文物报, 2010-2-12 (3).

② 炎龙. 曹植遗骨不明鉴定曹操已不可能. 科学大观园, 2010 (4).

③ 齐东方. 曹操墓的发现与考古学. 文汇报, 2010-2-27 (6).

④ 郑志刚. 曹操高陵出土书画遗迹初论. 书画世界, 2010 (138).

《发明与创新（综合科技）》杂志在2010年第3期（月刊）发文对DNA 检测、颅骨复原、热释光断代等科技手段在解决曹操墓争议上的可能作用进行了分析。相关领域专家认为利用DNA对比的方式来确定身份几乎难以实现，三维复原面部容貌等也不太现实[①]。《河南科技》2010年第1期也刊文对上述这些手段的可行性进行了探讨[②]，指出无论是科技测年还是DNA对比方法，在面对这一考古遗存时都有现实的困难，很难达到大家预想的理想效果。

牛润珍在《中国人民大学学报》2010年第4期发文进一步讨论相关问题，指出西高穴大墓在地理方位、朝向与墓葬类型上与曹操高陵相仿，可以初步认定为曹操墓[③]。同时认为墓中陪葬两名女性分别为丁夫人和刘夫人，卞夫人可能在北侧的M1中。M1虽然暂未发现可以证实卞夫人身份的证据，但是也不足以否定M2为曹操墓的判定结果。

袁济喜和王猛在《探索与争鸣》2010年第3期发文《“曹操墓”盖棺定论为时尚早——应在析疑与求实中探索历史真相》[④]，认为目前曹操墓的论证缺乏直接证据，探讨余地较大。比如这一墓葬也可能是近臣（如夏侯惇）陪葬墓之一，刻铭所反映器物也可能为赏赐品；高陵陪葬者除了卞后是否还有曹冲；有无东汉常见铭文砖；直接反映曹操身份的金印可能已失，放置金印的石室是否有痕迹等问题都需要解答。需要特别注意的是，作者并未直接否定考古学者的论断结果，而是认为如果要使论断结果更为可信，需要弄清上述问题。与其他直接否定考古结论的做法不同，这些意见对后续研究和阐释具有重要的启发性作用。

许永杰《漫谈历史时期考古学的方法——从安阳西高穴汉魏大墓的墓主推定说开去》一文收稿日期为2010年4月1日[⑤]，属于较早的期刊文章之一。他认为西高穴大墓为东汉晚期或汉

① 王婷婷. 高科技能否为“曹操”验明正身. 发明与创新 (综合科技), 2010 (3).

② 潘丽娜. 高科技能否辨明曹操墓的真伪?. 河南科技, 2010 (1).

③ 牛润珍. 西高穴大墓是否为曹操墓?——高陵地望、朝向与墓葬类型之推证. 中国人民大学学报, 2010 (4).

④ 袁济喜, 王猛. “曹操墓”盖棺定论为时尚早——应在析疑与求实中探索历史真相. 探索与争鸣, 2010 (3).

⑤ 许永杰. 漫谈历史时期考古学的方法——从安阳西高穴汉魏大墓的墓主推定说开去. 东南文化, 2010 (3).

魏之际的年代认识，是基于考古类型学对墓葬形制和随葬器物的研究得出的相对年代结论，是可信的。但是从科学的角度出发，被盗的安阳西高穴汉魏大墓之六条证据或九条证据都属间接证据，据此推出的结论是相对正确的。因此考古结论应表述为“根据六条证据（或九条证据）的综合研究，墓主应是（或可能是）魏武王曹操”。作者对推论方法和结论是认可的，但是认为下结论的语气不宜过于绝对，应更加科学。

《学术研究》2010年第7期集中刊发了当年4月2～3日在安阳举办的“曹操高陵考古发现学术研讨会”上刘庆柱、潘伟斌、李凭、陈长琦等四位学者的发言。刘庆柱对考古结论的论证过程进行了详细解释，指出西高穴2号墓的形制结构和随葬器物特征都表明其时代应为东汉晚期，规格应为东汉晚期的王陵级墓葬。同时还对公众和媒体提出的相关疑问一一进行了解释，包括再次对“七十二疑冢”之说进行澄清；从考古埋藏学特征、字体形态特征、用语习惯等角度对“石牌造假说”予以否定；用考古资料对未出墓志或者哀册的疑问进行了解答；对薄葬与墓葬本身特征的关联进行解释；根据中国古代帝王陵墓一般都安排在帝王都城附近的规律对于曹操墓在安徽亳州的说法予以否定；最后指出利用DNA来鉴别曹操身份的可行性不大[①]。

考古项目负责人潘伟斌对墓葬的地形特征、“魏武王”称号的合理性以及曹操墓与曹休墓的异同进行了阐述。这是在曹操高陵的相关讨论中首次引用洛阳曹休墓的材料[②]，指出曹休墓的墓葬结构特征对曹操墓结论是一个有力的旁证[③]。李凭认为出土遗物、遗迹与文献的记载均能够相印而不悖，这些证据一致指向曹操高陵，学者应该就这个结论明确表态支持，以推动下一步的研究与保护工作[④]。陈长琦认为，考古学界根据墓葬的形制、结构、出土器物，特别是带铭文的器物、石

① 刘庆柱. 曹操高陵的考古确认与释疑. 学术研究, 2010 (7).

② 此次会议 (曹操高陵考古发现学术研讨会, 2010年4月2～3日) 召开之时曹休墓材料尚未公开发表, 但是考古学者已经了解到相关材料。

③ 潘伟斌. 关于曹操高陵的几个问题. 学术研究, 2010 (7).

④ 李凭. 应该就曹操高陵的真实性明确表态. 学术研究, 2010 (7).

牌等证据判断西高穴东汉大墓是曹操墓，这是可信的。他随后根据“破碎的画像石应该是石棺的构件”以及画像石极为碎小的特征判断墓葬可能遭到司马氏的报复性毁坏；同时提出“高陵”与“高穴”的名称之间是否存在一定联系，值得进一步研究[①]。

① 陈长琦. 关于曹操墓的几点看法. 学术研究, 2010 (7).

本次会议的内容有几处值得关注：一是曹休墓的考古发现首次被引入相关讨论中（此时曹休墓材料尚未正式公开）；二是画像石与石棺之说首次被公开提出（但是属于转述其他学者观点，并无详细出处）；三是“高陵”与“高穴”名称之间的联系再次被提出，也是在曹操高陵考古发现公布之后的讨论中唯一一次被学者提起。

2010年4月2～3日在安阳举办的“曹操高陵考古发现学术研讨会”同时也是“中国秦汉史研究会、中国魏晋南北朝史学会会长联席会议”，近20名考古和历史学界专家围绕曹操高陵相关问题开展讨论[②]。与会者的发言记录和会议纪要，以及《安阳曹操高陵考古发掘成果简介》都收录于李凭主编的《曹操高陵——中国秦汉史研究会　中国魏晋南北朝史学会会长联席会议》一书中。与会专家各自的观点不再详述，大家一致认为考古学者做出的论断是科学可信的，曹操陵墓的位置在宋以前也是清晰的，这一发现具有重要的史学意义[③]。该书于2010年10月出版之时，发掘简报已经正式发表，因此书中收录的成果介绍就显得比较简略。但是此书后面附录的100余张考古现场工作照、遗迹照和器物照片等，是在发掘报告出版之前首次集中正式披露，在当时具有重要参考价值。

② 戴卫红. 曹操高陵考古发现学术研讨会综述. 中国史研究动态, 2010 (7).

③ 李凭. 曹操高陵——中国秦汉史研究会　中国魏晋南北朝史学会会长联席会议. 杭州: 浙江文艺出版社, 2010.

2010年5月出版的《曹操墓真相》一书也记载了上述会议，故书稿截止时间应该不早于4月[④]。此书虽名为“真相”，实际上是以文学作品的语言讲述了曹操墓发现之前的被盗和申请发掘过程等情况，大量篇幅用于讲述与曹操相关的历史故事

④ 河南省文物考古研究所. 曹操墓真相. 北京: 科学出版社, 2010.

或者传说。整体上可以归于文学作品之列，但是由于其作者为考古工作直接负责人，书中关于发掘之前有关情况的记载属于一手信息，因此能够为研究墓葬被盗情况及相关追缴工作背景提供重要线索。

朱绍侯于《史学月刊》2010年第5期刊文指出曹操陵墓位置在唐代之前都是很清楚的，“七十二疑冢”属于受文学作品影响产生的谣言；西高穴大墓的地望、规格、出土石牌内容等都证实其墓主为曹操[①]。同时他认为2号墓中年长女性可能是丁夫人。至此，陵墓位置和“七十二疑冢”已经被多次重复讨论，尤其是“疑冢”说的传说性质再次被指出。

《文史杂志》2010年第5期刊发《西高穴大墓“魏武王常所用”之我见》，陈仕益从语言学角度分析认为西高穴大墓“常所用”的说法并未失范，更非首出[②]。他认为朱绍侯对“常所用”解释为“平时所用”，对语言的结构和含义解释非常准确，这一释读“不仅保留了原来的结构类型，而且消除了它定中音节不均的缺陷，比原文更能得到认可，堪称一个成功的解说”。

王子今在《南都学坛（南阳师范学院人文社会科学学报）》2010年7月刊发文对曹操高陵葬制进行了分析[③]。他认为从现有文献记载看，曹操安葬之时有明确的陵墓方位，随后“武宣卞后”合葬高陵才能进行。“魏武葬高陵，有司依汉立陵上祭殿”、曹丕在曹操高陵图画于禁“降服之状”的记载亦说明曹操高陵有祭殿和陵屋建筑，并且还有相关祭祀活动，并无任何隐藏墓葬方位的意图。这些记载也进一步否定了“疑冢说”。

2010年11月出版的《人文丛刊（第五辑）》上刊登《汉代合葬异陵与曹操墓》[④]。此刊为年刊，文中未提及陵园或者1号墓，说明成稿时间很可能早于6月（6月12日现场直播活动之时，媒体披露了陵园和1号墓信息）。作者石云涛认为考古

① 朱绍侯. 曹操与曹操墓. 史学月刊, 2010 (5).

② 陈仕益. 西高穴大墓“魏武王常所用”之我见. 文史杂志, 2010 (5).

③ 王子今. 再议曹操高陵葬制——以对曹丕黄初三年诏的分析为中心. 南都学坛 (南阳师范学院人文社会科学学报), 2010 (4).

④ 石云涛. 汉代合葬异陵与曹操墓 // 北京外国语大学中国语言文学学院. 人文丛刊 (第五辑). 北京: 学苑出版社, 2010.

结论可靠，俞绍初在2010年1月刊文中所提出的三个疑问[①]都能解释：墓中两个女性可能并不包括卞太后；所见珠玉等可能是平时衣物上所饰；至于器物铭牌，可能是实物的替代品。

① 俞绍初. 探讨曹操墓真伪问题. 光明日报, 2010-1-18 (5).

《中华遗产》2010年第6期刊发潘伟斌文章《曹操墓里看曹操》[②]。此文主要是发掘者以第一人称介绍相关发现和发掘过程。其中介绍的许多细节与《曹操墓真相》以及作者在其他地方刊发的类似文章细节大体相似，为研究墓葬的被盗情况和重要事件节点提供了资料。

② 潘伟斌. 曹操墓里看曹操. 中华遗产, 2010 (6).

钱玉趾在《文史杂志》2010年第3期撰文从墓葬与邺城遗址的位置不符合文献记载、鲁潜墓志记载高陵位置不可信、墓葬规模不符合帝王级别、铭文格式不对因此可能涉嫌造假等方面全面质疑认定结果[③]。作者质疑的各个理由，如高陵应当是“无藏金玉铜铁”及“不得见”的秘密安葬，因此位置不可能被100多年后的鲁潜家人知晓；墓葬规格不合帝王规制；铭文称呼不对可能涉及造假等，都有明显的主观臆断色彩，并且完全忽略前期各方面专家在墓葬形制规格、铭文用语等方面的研究成果。作者可能是缺乏基本的考古学常识（对墓葬级别的判断）和文献常识（对高陵应当是秘密安葬的臆测），或者是有意回避相关知识和前期研究成果。

③ 钱玉趾. 认定“曹操墓”证据的辨析. 文史杂志, 2010 (3).

方北辰在2010年第6期《成都大学学报（社会科学版）》发表上下两篇关于曹操墓研究的文章。上篇《曹操墓认定的礼制性误判》，提出7条理由质疑曹操墓的认定结论，其中前6条都是与“魏武王”刻铭有关，认为其与礼制不合；第7条认为陵园中在曹操墓北侧（左侧）还有一座墓葬，更是与礼制不符[④]。下篇《曹操墓应为曹宇、曹奂父子王原陵》，首先从文字所反映的历史文化信息角度判断，刻铭石牌等器物没有造假可能，确实是汉魏时期的特征；并且刻铭上的“魏武王”只能指曹操，而非他人；同时也认可考古学者判断的墓葬属于王侯级别的观

④ 方北辰. 曹操墓认定的礼制性误判. 成都大学学报 (社会科学版), 2010 (6).

点。但是2号墓和1号墓的墓主身份应该分别是曹宇、曹奂父子[①]。此文收稿时间是2010年8月3日，当时简报并未发表出来。作者做出上述判断很重要的一点依据就是陵园内1号墓和2号墓的位置关系，这些信息是来自2010年6月12日现场直播时媒体给出的报道，在此之前陵园及1号墓信息并未见任何官方渠道公布。同属质疑考古结论的文章，方文与前面的钱文形成鲜明对比：方文对铭文的格式和内容、墓葬的年代规格等是认可的，尤其是对铭文格式和“魏武王”称谓有自己的科学分析，只是不认为这些器物可能出现在曹操的陵墓中。从学术角度看，这一质疑文章显然是有其价值的，尤其是对1、2号墓礼制关系的分析在当时对于相关研究工作也是具有指导意义的。

马昕《曹操入葬事迹杂考》（收稿于2010年6月15日）一文对“魏武王”石牌造假、无哀册和印章无法证实身份、七十二疑冢、曹操墓位于安徽亳州等观点逐一进行了辩驳，认为考古学界做出的西高穴大墓墓主身份判断是正确的[②]。

武家璧《曹操墓出土“常所用”兵器考》一文是首例专门针对刻铭石牌及其关联兵器开展的研究。作者认为曹操墓中“常所用”兵器这套仪具既体现了曹操的薄葬主张，同时也是墓主身份地位和墓葬等级的重要标志[③]。此文刊发于《中原文物》2010年第4期（双月刊），成文时间应早于8月。

2010年7月23日，徐龙国发文《曹操高陵出土的“七女为父报仇画像石”内容解析》，认为西高穴大墓发现的七女为父报仇画像石，画像内容、布局以及人物形象都与以往在山东和内蒙古等地发现的七女为父报仇画像十分接近，但有一处榜题截然不同；同时指出画像所反映的正是当时社会所提倡的道德规范和行为标准，出自曹操墓中是非常自然和正常的事情[④]。这是首例对画像石开展专门研究的文章，主要关注点在画像的内容。

① 方北辰. 曹操墓应为曹宇、曹奂父子王原陵. 成都大学学报 (社会科学版), 2010 (6).

② 马昕. 曹操入葬事迹杂考. 石河子大学学报 (哲学社会科学版), 2010 (5).

③ 武家璧. 曹操墓出土 “常所用” 兵器考. 中原文物, 2010 (4).

④ 徐龙国. 曹操高陵出土的 “七女为父报仇画像石” 内容解析. 中国文物报, 2010-7-23 (6).

2010年8月19日，曹定云对“魏武王”铭刻在曹操墓中的地位和作用进行了专门分析，认为铭刻中词语、字体与东汉末年时代吻合，铭刻中的称谓与曹操身份和地位吻合。同时，墓中两位女性的身份、卞后的墓葬位置等问题还需要继续研究，但是不管这些问题能否顺利解决，都不影响西高穴2号墓墓主身份是曹操的判断[①]。

梅铮铮《读曹操〈遗令〉兼论曹操高陵及相关的问题》对考古认定结果并不怀疑，但是提出了几个疑问和看法：比如能否从三台看见高陵；鲁潜墓志出土地点模糊不能作为位置参考；曹操棺椁何在；年长女性肯定不是卞后等[②]。这些疑问和看法都具有参考价值，尤其是作者认为年长女性的身份不是卞太后，同时也对《华西都市报》报道的某位考古队员认为可能为女性侍卫的看法表示怀疑，这说明作者对待各种媒体消息是比较谨慎的。此文收稿日期为2010年8月26日，根据引用的文献情况看，作者写成此文之时应该还没有看到考古简报。

2010年8月30日，范子烨撰文对“魏武王”这一称呼进行了专门考证，指出即使在没有其他文字材料佐证的情况下，文物上的“魏武王”刻铭也能够作为判断墓主身份为曹操的铁证[③]。

刘庆柱在《中原文物》2010年第4期发文，详细论证西高穴2号墓墓葬形制、规格与出土的遗物，据此推断其年代为东汉晚期、规格应为东汉晚期的王陵。同时从铭刻内容、人骨遗存年龄鉴定结果、墓葬地望特征与文献及鲁潜墓志的吻合等角度进一步推断其墓主为曹操[④]。这是刘庆柱先生对考古结论推断过程的又一次详细全面解读。

李占扬在《寻根》2010年第5期刊文《另一视角的曹操墓》[⑤]，从自己的角度对曹操墓的问题发表了意见。他对墓主身份的认定结果是肯定的，但是同时认为曹操墓作为一座被盗多次的墓葬，考古认定上有先天不足之处；鲁潜墓志及追缴回

① 曹定云. 论“魏武王”铭刻在曹操墓中的地位和作用——曹操墓真伪问题讨论随想. 中国社会科学报, 2010-8-19 (7).

② 梅铮铮. 读曹操《遗令》兼论曹操高陵及相关的问题. 成都大学学报 (社会科学版), 2010 (6).

③ 范子烨. “魏武王”: 曹操高陵的铁证. 光明日报, 2010-8-30 (5).

④ 刘庆柱. 曹操高陵的考古发现与研究. 中原文物, 2010 (4).

⑤ 李占扬. 另一视角的曹操墓. 寻根, 2010 (5).

的石牌和石枕只能作为旁证，对于有人提出的造假质疑，用科学方法很容易鉴别；墓葬的年代和级别特征应以从事汉魏考古的人和历史学者的观点为根据。关于“魏武王”刻铭的争论，他指出，“魏王”“武王”“魏武王”“魏武帝”之间的过渡没有明确的文献交代，不同人用同样文献但是产生完全不同的解释。因文献记载有限而留下争论的例子在历史研究领域很常见，这也是历史研究的特点之一。

马爱民在《文博》2010年第6期发文认为，近年新发现的安阳西部北禅寺经幢石刻铭文、西门豹祠发现的汉代石碑等资料说明曹操陵墓在安阳境内是可信的，今丰乐镇（现名称为北丰村）107国道边的西门豹祠遗址即曹操生前安排寿陵所指的西门豹祠。他同时指出“挌虎”铭文的兵器牌反映了汉代尚武习俗及曹操本人作为军事家对兵器武艺的重视，是真实可信的[①]。此文中判断西门豹祠位置所引用的石碑、石刻等资料属于首次公布。

2010年8月，《中原文物》第4期刊发河南省文物局《曹操高陵考古发掘主要收获》[②]。其列出的主要证据有6条，分别是墓葬规模、器物和画像年代特征、墓葬位置、薄葬特征、“魏武王”刻铭和男性遗骨鉴定年龄。从文章格式特征（没有参考文献）以及主要内容判断，可能是在新闻发布会稿件基础上修改而成。这是目前为止官方署名发布的第一篇文稿，但是文中有多处细节表述容易给相关研究造成误导。例如“此次共出土……其中 8件圭形石牌极为珍贵，分别刻有‘魏武王常所用挌虎大戟’‘魏武王常所用挌虎大刀’等铭文”，但是多处记载及后来出版的发掘报告等说明“魏武王常所用挌虎大刀”石牌为追缴文物；文中图十“曹操高陵出土画像石”所指的那块碎成三部分的长方形画像石，在其他各处考古文献中均描述为追缴回来的被盗画像石。

① 马爱民. 曹操西陵在邺地问题的研究——兼析“魏武王常所用挌虎大戟”等石碑刻铭的真实性. 文博, 2010 (6).

② 河南省文物局. 曹操高陵考古发掘主要收获. 中原文物, 2010 (4).

2010年9月号《书画世界》(总第141期)刊发李路平文章《〈鲁潜墓志〉河南伪造》[①]。作者认为从历史背景、文字内容、字法特征、书法特征等方面综合考察，鲁潜墓志为伪造。并且伪造该墓志是为曹操墓的挖掘埋下伏笔，因此曹操墓的真实性也不成立。鲁潜墓志发现于1998年，曹操高陵相关考古工作开始于2008年底，其间有至少10年的跨度。作者提出的这一“伪造说”和“伏笔说”可以算是阴谋论的典型代表。用十年之久的时间布局一个假考古发现，这一臆测不仅充满恶意，其夸张和离奇程度罕见。因此即使是在质疑考古结论的学者中(指本章开头所说的用学术方式讨论问题的学者)，也几乎无人附和。

① 李路平.《鲁潜墓志》河南伪造. 书画世界, 2010 (141).

2010年8月，考古发掘简报在《考古》第8期发表[②]。简报对墓葬形制结构和出土遗物等信息进行了比较详细的描述，并列举了十项证据来支持其对墓主身份的判断。仔细梳理之后，这十项证据可分为墓葬年代、规模等级(包括墓葬尺寸、圭璧组合)、未见封土、墓葬位置(包括西门豹祠和鲁潜墓志)、“魏武王”刻铭、薄葬、男性遗骨年龄等七个方面。与此前河南省文物局发布的信息大体一致，但是更加详细，并且有详细的引文注释信息。这是在新闻发布会之后、报告正式出版之前所发表的最为详细和权威的考古发掘资料。

② 河南省文物考古研究所, 安阳县文化局. 河南安阳市西高穴曹操高陵. 考古, 2010 (8).

另外在2010年2～9月，先后共计10本与曹操墓考古发现有关的著作出版。其中《曹操高陵——中国秦汉史研究会　中国魏晋南北朝史学会会长联席会议》和《曹操墓真相》两书在前文中已经介绍。《曹操高陵——中国秦汉史研究会　中国魏晋南北朝史学会会长联席会议》一书虽然出版时间在2010年10月，但是其记录的专家发言内容均发表于4月，因此也收录于此阶段中。其余各著作分别介绍如下。

2010年2月出版的《墓前墓后说曹操》在发布会之后两个月内完成组稿、编辑、印刷和出版[③]，遥遥领先其他各书，可见其

③ 《墓前墓后说曹操》编写组. 墓前墓后说曹操. 北京: 东方出版社, 2010.

对时效性有着很高的要求。具体内容除了介绍曹操籍贯及辑录有关历史故事之外，其他部分均在这两个月期间各类新闻报道基础上剪辑形成，属于历史文献、小说、新闻报道等内容的综合体。全书由6个人组稿撰写，书中既没有相关章节的作者介绍，也没有关于该书编写的设想及目的等，显然是一册追求商业效益的出版物。除了在传播学和出版学等方面可能有一定参考价值之外，对于曹操高陵相关考古和历史学术研究并无明显价值。

2010年4月，时任大河报记者的张体义出版《曹操墓风云录》[①]。作者结合自己采访所获信息，以文学的语言描写了曹操墓的发现和发掘过程，并收集了专家点评、质疑声音、网友点评等多方面信息。但是由于其覆盖时间短（从2009年12月27日发布会到2010年3月），主要观点信息来源于网络，因此只能反映在这一较短时间段内曹操墓事件在媒体上的发展情况。同一时间、同一出版社还出版了于茂世所著《千古之谜曹操高陵》[②]，属于纯文学性质著作。这两本著作虽然都与曹操高陵考古发现直接相关，但是并不涉及考古研究本身。

2010年6月，质疑考古结论的两个主要人物张国安和倪方六也各出版一本著作。张国安所著《颠覆曹操墓》只有第三章约25页的内容在列举其对考古论证结果的质疑[③]。他质疑的理由：都城与陵区方位不符合历史传统、墓葬规格形制不符合东汉晚期高等级墓葬主流、未发现卞后、墓道墓门防盗措施简陋、画像石年代晚于墓葬、未发现金玺和石室、未见陪葬墓群等。此书虽然成书时间较短（作者自称为“百天大战”），但是很多观点（陵区与都城、墓葬形制、防盗措施等）都是基于自己对历史和考古资料的理解得出，可谓一家之言。对于画像石、金玺石室、卞后、陪葬等问题的质疑，一方面是作者要求考古发现的各个细节必须都与文献完美吻合，另一方面显然是由于考古资料本身公布不完全的原因（在其成书之前，发掘简报尚未发表）。

① 张体义. 曹操墓风云录. 郑州: 大象出版社, 2010.

② 于茂世. 千古之谜曹操高陵. 郑州: 大象出版社, 2010.

③ 张国安. 颠覆曹操墓. 北京: 东方出版社, 2010.

倪方六所著《三国大墓》一书中也只有22页内容在阐述其质疑考古结果的理由，包括墓葬结构与同时期大墓形制不符、墓内装饰简单粗糙、未见封土与“不封不树”对应太牵强、安丰乡丰乐镇西门豹祠并非曹操陵墓所参照的西门豹祠；鲁潜墓志是旁证不能作为主证；历史上“魏武王”不止一人；刻铭文物可能造假；年长女性遗骨年龄与卞夫人不符；金银珠玉与“薄葬”不符等[①]。他关于墓葬形制和卞后问题的质疑与张国安相似，除此之外又加上自己的其他理由以及网络所传的“造假”之说，形成自己的质疑观点体系。同时他在书中也对民间提出的除曹操之外的可能墓主进行了一一分析，否定了冉闵、姚襄、于禁，以及其他在曹操去世到曹丕称帝前这9个月内去世的曹操近臣或者家族人士，比较倾向夏侯惇（书中没有直接表达）。这说明他承认墓葬的年代为汉魏时期，同时与曹操有密切关系。

《CCTV-10中国记忆》摄制组也紧跟热点，于2010年9月出版《探秘曹操墓》[②]。此书虽然冠以“探秘曹操墓”的名字，封面的设计和提示的内容都是以三国和曹操墓为主，实际和曹操墓有关的内容只有三分之一，另外两部分分别是国际博物馆日和福建土楼。关于曹操墓的内容应该是属于电视节目的解说词类型。除了结构比较零散之外，目录中所列出的各个部分内容也都是简单涉及，并不具备学术参考价值或者公众参考价值。需要注意的是，文中还有不少错误的地方，可能会给公众造成误导。

山东画报出版社2010年11月出版的《曹操墓事件全记录》由贺云翱、单卫华主编，该书的定位是“一个时期以来国内外学术界、舆论界对发现曹操墓事件大辩论大讨论的一个全方位、多角度的集中陈述和展示”[③]。对于曹操墓考古发现的正方、反方和第三方的意见都有客观的、简明扼要的陈述，资料来源包括学术期刊、报纸、网络，以及部分专家和南京大学研

① 倪方六. 三国大墓. 南京: 江苏人民出版社, 2010.

② 《CCTV-10中国记忆》摄制组. 探秘曹操墓. 上海: 上海科学技术文献出版社, 2010.

③ 贺云翱, 单卫华. 曹操墓事件全记录. 济南: 山东画报出版社, 2010.

究生专门就不同主题写的文章。“编者说明”（第2页）中虽然说明“本书追求的是客观介绍和中立立场，不偏袒和倾向于任何争议的一方”，但是此页第三段也明确表示“至于是否为曹操墓，既然大墓的后续研究还要假以时日，不妨暂且存疑”。这或可表明编者的态度。贺云翱为该书写后记的时间是2010年8月29日，则该书内容的编成时间应在此之前，即该书收录的各种观点的发表时间应该在2010年9月之前。因此该书可以作为在2010年前9个月中各方观点的总览，不过由于收录了太多网络和报纸文章，其学术参考价值可能受到一定影响，需要读者对文献有一定的鉴别和判断能力。

另一本著作《诗话曹操高陵》主要收集三国两晋以来历代文人创作的诗词曲赋等文艺作品，并结合这些文艺作品的内容，对曹操高陵相关的问题（主要是地望）进行论述[①]。作者要表达的一是高陵地望确在邺城附近，二是疑冢说的起源和扩散过程。从文学研究的角度看具有一定价值，但是对解决曹操墓相关的考古问题没有直接作用。

这一阶段的学术研究，既能看到考古和历史专家从“七十二疑冢”传说的源流、墓葬地望考辨、石牌刻铭的书体及语法、墓葬规格与年代、“薄葬”的真实含义与具体表现、“魏武王”称谓的合理性等角度去论述曹操墓考古结论的科学性，同时也能看到持不同观点的学者从墓葬形制规格不合帝王级别、地望与文献记载的矛盾、“魏武王”称谓与礼制的矛盾、陵园内两座墓葬的布局与礼制的矛盾、带铭文物品与曹操身份的矛盾、墓中年长女性与卞夫人年龄之间的矛盾等角度质疑和讨论，并提出墓主可能是曹宇、夏侯惇等意见。

考古历史专家一方面在从不同角度解释考古论证过程和论证依据，另一方面针对公众所关注的问题比如“七十二疑冢”说、“魏武王”称谓、“常所用”的语法等在不同场合

① 聂树人. 诗话曹操高陵. 郑州: 大象出版社, 2010.

（学术会议、期刊和报纸文章等）进行反复解释，可谓不厌其烦。而这些解释大部分已经是老生常谈，尤其是“疑冢”之说更是被多位专家反复强调其传说的性质。质疑者所提出的问题，包括疑冢说、地望不符说、规格不够说、铭文不符礼制说等，在考古和历史专家的不同论文中均有科学解答，甚至不同的专家多次就相似的问题进行反复解释，不过部分质疑者仍然有意地忽略了这些成果。

整体而言，这一阶段围绕曹操墓考古发现的讨论可谓是众说纷纭。虽然大体上可分为支持方和质疑方两个阵营，但是两个阵营的状态存在显著区别。支持方学者在大部分关键问题上，比如疑冢、地望、规格、年代等问题的认识上是一致的；质疑方则明显是各自为政，各有看法，甚至屡屡出现观点相互打架的现象。

可以看出，在学术讨论激烈进行、大量成果被发表的同时，已经明显出现了利用学术热点追求商业利益的行为，如此阶段出版的10本专著中，仅有5本有一定学术价值，其余多为商业性质的著作。同时，类似李路平提出的“造假说”“伏笔说”这种典型阴谋论观点也公然发表在学术刊物上。这些现象无疑给不熟悉基本考古知识的公众造成了极坏的影响，同时也给追求热点效应和流量价值的媒体提供了更多“素材”。

3. 简报发表至发掘报告出版

2010年8月，曹操高陵考古发掘简报在《考古》发表，这是曹操高陵研究过程中的又一个重要时间节点。简报所披露的考古信息比之前的新闻发布会和《中国文物报》《中原文物》等刊物上发布的都要详细，为相关研究提供了许多新材料。因此，我们将2010年9月之后的报刊文章、可确认投稿时间为9月之后的期刊文章，以及无法确认投稿时间但是刊发时间在2010年之后的研究文章划分为第三个阶段。这一段的截止时间为2016年10月考古报告出版。

3.1 2010年9～12月

2010年9月7日，韩国河就曹操高陵合葬问题、随葬品世俗化倾向进行了专门探讨。他认为1号墓可能是废弃的墓葬，卞夫人如果不在2号墓中就可能有另外的陵墓。同时建议对陵园建筑和勘探发现的小型陪葬墓做重点考察[①]。这是考古专家首次就1号墓问题发表观点，并且提及陵园建筑和勘探发现的墓葬信息。此时陵园勘探和1号墓相关考古成果尚未发布，但是韩国河教授作为专家曾多次听取考古单位汇报并赴现场考察，因此对现场工作进度有比较详细的掌握。

2010年9月10日《中国文物报》刊发王冰的文章《“称国号以自表”与曹操身份相符》[②]。作者在方北辰观点（认为石牌等文物绝无造假可能，“魏武王”之称呼只适用于曹操）的基础上进一步分析认为，在“武王”之前加“魏”，称国号以自表，符合曹操的身份。值得特别注意的是，作者也指出方北辰虽然是作为质疑者代表之一，但其质疑观点体现了学者治学严谨的风范。此文是首次有支持考古结论的学者对个别质疑者学术态度表示认可，并且引用其观点作为考古结论的证据之一。这在其他大部分学者的文章中是不曾见到的。

2010年9月17日，严辉在《中国文物报》刊文对曹操墓和曹休墓进行对比分析[③]。他从墓葬形制的角度阐述了两座墓葬在时代特征上的相似性和地位的差异，说明其对于研究中国古代墓葬制度重要的转型阶段——曹魏时期高等级墓葬特征的重要

① 韩国河. 动态解析曹操高陵. 中国社会科学报, 2010-9-7 (18).

② 王冰. “称国号以自表”与曹操身份相符. 中国文物报, 2010-9-10 (3).

③ 严辉. 曹操墓和曹休墓的比较与研究. 中国文物报, 2010-9-17 (5).

意义。这是曹休墓考古项目负责人首次对两个墓葬进行详细对比分析，极大丰富了对这一特殊时期贵族墓葬形制特征的认识。

2010年9月17日投稿的《安阳大墓主人应是后赵石虎》一文，直接指出因为曹操没有格虎或者打猎的可能性，格虎大刀等器物的出现显然不合身份；而后赵“魏武王”石虎爱好打猎并且造了“格虎车”，因此墓主就是后赵石虎[①]。作者完全忽略考古学背景和历史背景（墓葬的形制特征、出土遗物的年代特征等），仅通过字面意思来判断，不符合历史考古问题该有的讨论规范。尤其是其对“七十二疑冢”之说的认可，说明其完全没有留意过去数十年中多位学者对此问题的反复讨论。此文虽然发表于学术期刊，具有学术论文的格式，但是其论证依据和过程全无学术价值。而其“简单粗暴”的否定和立论方式，恰好是媒体和大众最乐于接受的，因此一度引起关注，形成了一定的社会影响。

① 杨光. 安阳大墓主人应是后赵石虎. 汕头大学学报（人文社会科学版), 2010 (6).

2010年9月18日，来自全国各地考古文博机构、高等院校考古文博专业的120名专家学者考察了曹操墓考古现场并举行了“曹操高陵考古发现专家座谈会”，专家座谈会纪要发表于《中国文物报》[②]。根据会议纪要内容，本次座谈会是“汉代城市与聚落与汉文化学术研讨会”临时增加的议程，发表意见的十余名专家都是各地考古文博机构或者高校考古文博专业的代表。大家分别从自己研究领域的角度发表意见，大部分发言内容集中在墓葬本身的形制、规格、年代、画像石、器物、石牌文字等方面。王子今从研究方法和态度的角度提出三点看法：一是造假和作伪的指责是对考古学科的怀疑，是不能接受的；二是在考古现场对发掘对象性质的推定应该有一定宽容度，不是必须要有百分之百确证；三是限于做出判断时的知识水平，应当容许考古工作中可能会出现一些判断上的失误，而不能直接斥为造假或作伪。

② 加强基础研究，回归学术探讨——曹操高陵考古发现专家座谈会发言摘要. 中国文物报, 2010-10-1 (6-7).

2010年10月28日，曹定云撰文对林奎成、李路平和闫沛东等提出的三种“魏武王铭刻造假说”分别进行了反驳[①]，认为前两种从“魏武王”的称谓及“武”字的写法角度质疑尚属学术讨论范畴，出现质疑的原因是相关学者自己对文物和历史的知识掌握有缺陷；第三种没有任何根据就直指造假的说法已不属于学术范畴，是一种违法行为。

① 曹定云. 驳高陵二号墓“魏武王铭刻造假说”. 中国社会科学报, 2010-10-28 (4).

河南省文物考古研究所于2010年11月出版《曹操高陵考古发现与研究》一书[②]，根据前言所记，成稿时间应为2010年10月。此书属于文集性质，收录了考古发掘简报，以及2010年1～10月历史考古学者在各类学术或文化报刊（《中国社会科学报》《光明日报》《中国文物报》等）、新闻报刊（《南方都市报》《解放日报》等）和学术期刊（《史学月刊》《文博》等）上发表的文章。其中除新闻报刊文章之外的大部分文章在本章综述中都有介绍。此书对支持考古结论的观点收录比较全面，但是缺乏仔细的梳理和归纳；对于质疑的观点，则没有任何介绍。

② 河南省文物考古研究所. 曹操高陵考古发现与研究. 北京: 文物出版社, 2010.

袁祖亮在《读书》杂志2010年第9、10、11期连载《高陵揭秘》上、中、下三篇文章[③]，从文献的角度分析曹操陵墓地望，驳斥“七十二疑冢”之说，并对出土文物上的刻铭所反映的历史文化背景进行了分析。同时认为墓中两名女性可能为丁夫人和刘夫人，用历史文献证据驳斥姚襄、冉闵之说。这三篇文章中引用的文献较为全面，可以视为对前期各种质疑观点的综述和集中反驳。

③ 袁祖亮. 高陵揭秘 (上) (中) (下). 读书, 2010 (9) (10) (11).

3.2 2011年

梁满仓于2011年第1期《河南社会科学》刊文对曹操墓文字证据进行了分析[④]，认为“魏武王”称谓符合礼制和历史背景，鲁潜墓志所包含的知识量绝非现代人能凭空伪造。同时

④ 梁满仓. 论曹操墓文字证据的真实性——兼评学术讨论中的学风问题. 河南社会科学, 2011 (1).

对于学术探讨中的主观臆造、无视文献（盲目质疑）、缺乏严谨、宣泄情绪等学风问题提出了批评。此文是学者首次对这场学术讨论中暴露出的各种学风问题进行分析。

《四川文物》2011年第1期刊发专门讨论石刻文字字体的文章。曾磊认为简牍文字字形对比表明，“魏武王”石牌的“魏”字写法在东汉中期之前就已经出现，现在通行的“魏”字写法在汉代也已普遍使用。不能单纯以“魏”字作为判断“魏武王”石牌年代的标准，同时这也不能否认“魏武王”石牌的真实性，不能据此作为质疑曹操墓的证据[①]。

郝本性在《华夏考古》2011年第1期刊文对曹操墓出土的“常所用”和“遣册”这两种石牌的刻铭内容、圭璧的用途、石枕的使用以及随葬香囊是否与曹操颁布的《遗令》相矛盾等问题进行探讨。他也认为“常所用”牌上所记器物主要以兵器为主，应是天子仪卫中的常仪，与武家璧的认识相同；梯形石牌刻铭内容为衣物器用的名称与数量，为送葬品清单，其内容符合当时的历史文化背景，与曹操的“薄葬”主张并不矛盾[②]。

孟宪武与殷杰在《殷都学刊》2011年第1期刊文再次梳理了文献记载的曹操高陵地望、鲁潜墓志记载的高陵位置，认为1、2号墓墓道两侧的坑形遗迹是当初墓主下葬举行重大礼仪活动时，在神道两侧安置木质神兽时所挖掘出的排形神兽桩基坑；1号墓应该是卞夫人葬地[③]。关于墓道两侧坑形遗迹的功能推测，这是首次提出，但是尚缺乏考古证据，只能作为一种参考。

徐龙国在上文同一期刊物中对曹操高陵所见画像石进行专门研究[④]。除了对画像石上的故事进行解读之外，他认为如果这些画像石确实出自墓内，很可能为石椁、石插屏之用。同时他认为卞夫人去世后再开墓合葬的可能性不大，因此1号墓墓主很可能是卞后。徐龙国在文章内也说明其没有去过现场，很多现场的线索都是别人告知（如关于“后室地面上六个等

① 曾磊.“魏”字字形琐议——从“魏武王”石牌说起. 四川文物, 2011 (1).

② 郝本性. 安阳曹操高陵出土石刻铭文的几个问题. 华夏考古, 2011 (1).

③ 孟宪武, 殷杰. 也谈西高穴曹操高陵. 殷都学刊, 2011 (1).

④ 徐龙国. 曹操墓画像石解析及一号墓主推测. 殷都学刊, 2011 (1).

距离圆柱痕”的说法就不准确）。加上简报提供的信息过于简略，因此他特别说明自己所做的判断和推测，包括曹操高陵出土画像内容、画像石性质、1号墓墓主身份等，都是以那些片段的新闻报道为基础，“因此这些认识只能是初步的、粗浅的，有的甚至是错误的”。作者立论的基础多是听说的转述信息，因此在对待自己结论的态度上也比较谨慎。其观点暂不评述，这种客观的态度在大部分文章中是不曾见到的。

在上述两文的同一期刊物上，黄震云撰文直指石牌和画像石存在问题[①]。因为潘伟斌2008年在《故宫文物月刊》和《报林》两处刊文都提到有“武王”刻铭的石牌，但是两次所提的铭文有不同；发现的带物品名称的石牌（遣册）上内容与曹操身份极不符合，所以石牌作为证据是有问题的。其次画像石与曹操等级不符，并且前后几次介绍的画像内容有矛盾等，说明画像石也存在问题，甚至指出“现这些所谓证据（画像石）不过是不断加工的产品”，认为石牌和画像石证据都可能是造假产物。此文收稿时间为2010年11月，说明作者应当是已看到发掘简报。其提出的第一个疑问，即2008年刊发的两文之中存在的差别，到目前为止尚无法解答（不排除编辑排版出现疏漏的可能）。石牌文字的内容及其反映的历史文化特征，在此之前已经有多名专家就此撰文讨论，但是作者似乎并未注意到或者是有意忽略。文中“2008年安阳考古队在《报林》上发表的广告图像都是白色的，石粉还在，人员的鼻子很尖，说明是电锯锉的，不是手刻”，这样的说法十分离奇和武断。据此可以判断作者的基本立论导向就是“作伪”，因此在他看来，任何线索都存在嫌疑。但是正如多位学者指出，关于曹操墓的考古结论是建立在一个综合的证据链或者证据群基础之上的，以个人对其中个别证据的怀疑来推翻所有证据群体，并非科学态度，明显有此前梁满仓所指出的宣泄情绪之嫌。

① 黄震云. 关于安阳西高穴“曹操墓”石刻的名物名称. 殷都学刊, 2011 (1).

《殷都学刊》2011年第3期刊文对西高穴汉墓墓主为夏侯惇的观点提出反驳[①]。作者王璐艳从墓主遗骨的年龄、随葬品特征、墓葬规格级别、清代文献关于夏侯惇墓的位置记载等四个方面认为西高穴墓主不可能是夏侯惇。作者对清代文献记载的四个夏侯惇墓位置都进行了分析，这些位置无一是在西高穴及附近地区，早期文献中也没有关于夏侯惇墓葬位置的明确记载——这是所有提出夏侯惇墓假设的学者未曾提及的。西高穴大墓墓主为夏侯惇的这一说法显然是在曹操高陵考古发现公布之后，部分学者为了质疑或者推翻考古结论而臆想出来的。

① 王璐艳. 对于西高穴墓为夏侯惇墓的几点质疑. 殷都学刊, 2011 (3).

《殷都学刊》2011年第3期还刊发四篇相关研究文章。张朋军从魏武王称谓的可信性和历史上出现过的魏武王的称谓这两个方面来论述曹操墓论证结果的准确性，特别对有人提出的墓主是"姚襄""冉闵"这两种可能性进行了反驳[②]。武家璧认为曹操墓的"格虎"兵器与其宿卫仪仗制度有关，是许褚及其将士使用的宿卫兵器，也是"常仪"所用的仪卫兵器[③]。据作者介绍，江达煌《关于曹操墓——并敬与张之、乔文泉二先生商榷》一文实际写于1990～1991年[④]，主要对关于曹操墓位置的各种说法进行逐一疏正，并提出张、乔二人认为其墓在临漳县习文村北冢的说法不大可信，而真正的位置应该在安阳县北岭一带。此文在鲁潜墓志发现之前完成，属于首篇根据文献记载推断出曹操墓在安阳县一带的文章。徐亚龙根据各类石刻铭文证据推断明丰乐镇西门豹祠至少在曹操去世（220年）前39年就已经存在，此处应该就是曹操在《终令》和《遗令》中所指的西门豹祠[⑤]。

② 张朋军. 由"魏武王"探西高穴大墓. 殷都学刊, 2011 (3).

③ 武家璧. 曹操墓出土"格虎"兵器牌考. 殷都学刊, 2011 (3).

④ 江达煌. 关于曹操墓——并敬与张之、乔文泉二先生商榷. 殷都学刊, 2011 (3).

⑤ 徐亚龙. 曹操墓与西门豹祠. 殷都学刊, 2011 (3).

武家璧在《殷都学刊》2011年第4期继续撰文讨论"常所用"的含义，他认为曹操陵墓出土的"魏武王常所用"铭词，非魏武王平常所用和曾经所用之意，乃"常仪所用"之意，是魏武王的日常仪仗用器[⑥]。

⑥ 武家璧. 说曹操墓"常所用"铭词非"平常所用". 殷都学刊, 2011 (4).

吴芳佳撰文专门针对方北辰提出的“魏武王”称谓与礼制不符问题进行分析，认为他的证据存在颇多疑问，“魏武王”称谓不存在合不合礼制的问题，也不足以借此否定曹操墓的真实性[①]。

对于曹操墓出土的铜印章，蔡运章认为其上的字为曹操本字“瞞”，这枚印章是曹操用于钤盖封泥的印章[②]。而牛润珍则认为是“曹”字[③]。牛润珍进一步认为据汉代礼服制度，“黄绫袍锦领袖”为墓主人的官服，墓主人应是一位王公；又将墓中出土的石牌串并分析，推定其为魏武王曹操；再将西高穴大墓形制结构与邺城和洛阳城宫殿制度对比，推证其为曹操高陵。

2011年6月，《殷都学刊》刊文《论西高穴墓非曹奂墓之原因》。作者贾秀梅从墓葬形制反映的年代特征、文献记载及当时的社会背景等几个方面分析认为，张国安提出的西高穴大墓墓主为曹魏末代皇帝曹奂的说法不成立[④]。

2011年11月召开的中国考古学会第十四次年会上，徐光冀发表《“曹操高陵”的几个问题——〈河南安阳市西高穴曹操高陵〉读后》一文，对发掘简报进行分析并提出疑问[⑤]。他提出曹操墓的规格形制与同时期（东汉晚期或者其后）诸侯王及列侯墓有区别，对一座被盗多次的墓不能认定其“无藏金玉珍宝”，曹操陵墓的规格应高于西高穴2号墓，刻铭石牌出现在曹操墓中与礼制不符，画像石存在疑问，卞后年龄与女性人骨年龄之间存在矛盾等问题；进而认为简报的结论不严谨，该墓很可能是曹操的陪葬墓之一。与大部分质疑者不同，他在提出疑问的同时，认为墓葬的年代在东汉晚期到曹魏时期是可信的。

李路平在《书法》2011年第9期刊文，从汉代典章制度、印纽级别、印章材料和工艺技术、宗教、民俗、图像风格等各

① 吴芳佳.“魏武王”称谓之辩. 南京晓庄学院学报, 2011 (5).

② 蔡运章. 曹操高陵出土铜印考略. 中原文物, 2011 (5).

③ 牛润珍. 曹操高陵新释证——西高穴大墓形制与文物研究. 光明日报, 2011-7-14 (11).

④ 贾秀梅. 论西高穴墓非曹奂墓之原因. 殷都学刊, 2011 (3).

⑤ 徐光冀.“曹操高陵”的几个问题——《河南安阳市西高穴曹操高陵》读后 // 中国考古学会. 中国考古学会第十四次年会论文集2011. 北京: 文物出版社, 2012: 395-402.

种要素综合考察认为曹操墓所出印章为伪造的“铺首衔环”肖形印，进而指出西高穴墓葬墓主的判定结果不成立[①]。作者认为简报中提供的照片本身也没有认真清理干净，也没有清晰图案的拓片，提出“考古队只要公布此印规格如边长、通高、重量，必鉴别出作伪年代”。其在2010年9月已经提出鲁潜墓志造假说，此文显然是其“证据”的进一步延伸。而在2016年，考古发掘报告第191页详细公布其所需要的数据之后，至今数年间并未见该作者发表新观点“鉴别出作伪年代”。

① 李路平. 曹操墓“神秘印符”证伪. 书法, 2011 (9).

2011年12月22日，复旦大学现代人类学教育部重点实验室在英文期刊*Journal of Human Genetics*发表其课题组对曹操家族后人基因组的研究结果[②]。课题组通过对声称是曹操后人的现代人群基因测定，发现他们DNA的Y染色体SNT突变类型为O2-M268，认为这很可能是曹操的基因组特征。同时，该研究还通过基因对比否定了曹操是汉相曹参后代的说法。这一成果主要是基于对现代人群的测定，而这些被测定人群都是根据家谱记载声称是曹操后人，因此课题组认为目前这一成果说明O2-M268非常可能是（most likely）曹操的基因。由于成果发表在外文期刊，并且与讨论中的考古材料和研究并无直接关联，该成果在短时间内并未引起考古学界的关注。本书将在第七章对于该课题组围绕曹操DNA开展的系列研究做专门论述。

② Wang C C, Yan S, Hou Z, et al. Present Y chromosomes reveal the ancestry of Emperor CAO Cao of 1800 years ago. Journal of Human Genetics, 2012, 57 (3): 216-218.

3.3 2012年

2012年2月，《中国文物报》刊发王冰所作《〈鲁潜墓志〉之“渤海赵安县”小考》[③]。此文虽然没有直接涉及曹操墓本身的研究，但是《鲁潜墓志》作为论证西高穴大墓墓主为曹操的证据之一，也是相关研究中的热点。作者梳理了几家从“赵安县”地名、纪年描述等角度质疑墓志真实性的观点，并

③ 王冰.《鲁潜墓志》之“渤海赵安县”小考. 中国文物报, 2012-2-29 (7).

列举了相关反驳证据。同时根据自己的研究指出由晋中丘国改称的赵安县可能与故渤海国有关联。文章中指出个别学者在驳斥质疑观点时表现出一定的轻率和主观；同时该作者2010年在讨论“魏武王”称谓时，对于质疑者的学术态度也表现出了应有的尊重①。

2012年2月《华南师范大学学报（社会科学版）》刊文《曹操高陵的考察与思考》②。本文主要是综合列举考古学界论证曹操高陵的证据，并对北宋以后出现“疑冢”之说的原因进行分析。

2012年8月《中原文物》第4期中，刘秀红、丁岩通过梳理有关曹操家族墓葬材料，发现曹氏家族数代多人的墓葬方向具有朝东的特点，并认为曹操高陵墓向的朝东应该是继承了曹氏家族墓葬的传统，与个别学者提出的政权斗争因素无直接关系③。

同一期文章中潘伟斌等对墓葬的首次被盗问题进行了讨论④。他认为首次盗洞开口在南北朝地层之下，盗掘时代应该在西晋的“八王之乱”时期。这次盗掘曹操墓，是一种政治上的报复和迷信上的破风水行为。作为墓葬发掘者，他依据盗洞开口层位来判断盗墓活动发生时间，结合当时的社会背景特征及墓内画像石和其他器物都很碎的现象，认为该墓遭受的必然是报复性盗扰。

钱玉趾在《文史杂志》2012年第1期发文质疑“魏武王常所用”石牌为假牌，其列出的依据包括曹操下葬时没有“魏武王”的称谓；“挌虎大戟”的词语没有文献实物佐证；“常所用”既违史实且无先例；“魏武王常所用慰项石”没有石牌，却将文字刻在底部；圭形石牌的形制、字样与排列疑问多（包括石牌尺寸、文字书写方式等）等五项⑤。很明显可以看出作者的论证基调：凡是以往的文献资料中未发现（或者说其本人未见过）的现象必为假。对于在此之前学者（包括质疑考古结

① 王冰.“称国号以自表”与曹操身份相符. 中国文物报, 2010-9-10 (3).

② 陈长琦, 蒋波. 曹操高陵的考察与思考. 华南师范大学学报 (社会科学版), 2012 (1).

③ 刘秀红, 丁岩. 略论曹操高陵的墓向. 中原文物, 2012 (4).

④ 潘伟斌, 聂凡. 曹操墓首次被盗问题探讨. 中原文物, 2012 (4).

⑤ 钱玉趾.“魏武王常所用”石牌应是假牌——兼论西高穴墓定为曹操墓证据不足. 文史杂志, 2012 (1).

论的学者）所发表文章中对于“魏武王”“常所用”的含义解读等显然有意回避。尤其是对于“魏武王常所用”石牌的出土情况，作者写道“8件中有7件是在该墓前室一块被挑动的石质地板残块下面挖到的，而且石牌多数被打坏”，而这一信息的来源是《曹操墓事件全记录》一书中所收录彭友琴《小论西高穴墓出土刻铭石牌》。彭友琴并不是曹操高陵考古队成员，在此之前正式发表的简报中也无类似信息，因此这一信息的来源并无可信之处（后来出版的考古报告中亦无此信息）。钱玉趾显然是为了追求质疑的效果，因此对这种来源不明的信息，只要是有利于其质疑观点，就非常乐意并不加甄别地引用。

刘斐在《天中学刊》刊文对“常所用”一词质疑，认为传世文献的调查结果表明在东汉末之前并无“常所用”单独连用的用例，说明该石牌不是东汉末之物，进而证明安阳古墓不是曹操墓[①]。与包括上文所述钱玉趾在内的许多质疑者相同，作者坚持的原则是凡是文献中没有见到的，就不可能存在。同样，也是试图用个人对某一个线索的质疑来否定整个考古结论所依据的证据群。

2012年6月，江达煌针对“‘倒曹派’致函国家监察部，检举河南文物局违反行政纪律”一事撰文表达了自己对“倒曹派”行为及言论的质疑[②]。此文对各种来源的质疑观点都有提及，包括对“魏武王”称谓的质疑、画像石造假的质疑、刻铭石牌中文字内容及字形的质疑等，并且言简意赅地列举了相关证据，表明提出这些质疑观点的人是没有认真地做“功课”。作者尤其对张国安提出的“黄豆一词在唐代才出现”“竹簪五千枚，在墓葬中一枚不见，不合情理”这两个质疑进行了重点分析，指出“文献史料上没有记载的事物，并不绝对意味着它在古代就无有存在”。

2012年11月，李凭发表《鉴定曹操高陵的各项证据》[③]，

① 刘斐. 曹操墓石牌中“常所用”商榷. 天中学刊, 2012 (1).

② 江达煌. 希望与呼吁: 对曹操与“曹操墓”的感慨——兼质“倒曹派”. 殷都学刊, 2012 (3).

③ 李凭. 鉴定曹操高陵的各项证据. 史学月刊, 2012 (11).

对于2010年1月14日中国社会科学院"考古学论坛"上列举的曹操高陵论证九项证据和2010年4月3日"中国秦汉史研究会中国魏晋南北朝史学会的会长联席会议"（在安阳举行）上列举的十项证据进行综述，并对涉及历史文献的证据加以详解。他同时针对质疑者关于石牌的三种说法，即"他处出土说"、"赠品说"和"伪造说"，逐一进行反驳。需要注意的是，在综合两个会议上的各项证据之后，关于墓葬中两名女性的身份问题仍然没有解决。作者认为年轻女性可能是殉葬的侍妾或幸姬，而对于年长女性之身份并未发表见解。考虑当时的历史环境，此处"殉葬"的说法略显突兀，也是考古发现公布后两年内唯一一次被提出。

《中原文物》2012年第6期刊发一方唐代墓志资料，墓主为唐代德州平乡县令杨君。墓志文中在描述墓葬方位时，提到"左邻鹓水，周王北绝之津；右眺鸟坟，魏帝西陵之树"，作者认为此处"魏帝西陵"即曹操陵墓。对墓志文中涉及地名的分析表明，此处"魏帝西陵"位于古邺城西部，与西高穴村东汉大墓位置相符，为曹操高陵的考古论证结果增添了一份新证据[①]。同一期还刊发了马爱民所作《北齐〈杜达墓志〉等对佐证曹操高陵的史料价值》[②]，介绍了三方北齐墓志和一方唐代墓志，这些墓志文中均有"高陵"一词，作者认为这些都是指曹操高陵，进一步证实了其地望的可信度。这几方不同时期的墓志资料是继鲁潜墓志之后发现的可能记载有曹操陵墓位置信息的新材料，当然由于均无可靠出土位置和具体墓葬背景信息，只能作为参考。

陈长琦在《历史研究》2012年第6期发文讨论曹操陵墓早期被盗问题，他认为陵墓最早是在西晋"八王之乱"期间被盗，是一场蓄意的毁墓[③]；并且认为陆云与其兄陆机书信中所列其检视的曹操遗物能够与曹操高陵出土名物石牌记载的物品

① 何飞，凯声. 唐代德州平乡县令杨君墓志与曹操西陵. 中原文物，2012 (6).

② 马爱民. 北齐《杜达墓志》等对佐证曹操高陵的史料价值. 中原文物，2012 (6).

③ 陈长琦. 曹操高陵早期被盗问题考略. 历史研究，2012 (6).

部分相对应，这批曹操遗物可能是出自被盗的曹操高陵。

潘伟斌在2012年发表文章《安阳西高穴曹操墓的考古学证明——及与文献的对应关系》，文中介绍了曹操墓的地层堆积情况和墓内堆积情况，以证实曹操墓及出土文物是真实可靠的，是经得起检验的；同时再次重申曹操墓的形制规格符合汉魏帝王陵墓特征、出土文物符合曹操生前身份、曹操墓的随葬完全符合文献记载[①]。其中关于随葬符合文献一事又列举八个证据，包括位置、不封不树、地面遗迹、陶器、没有印玺、没有金玉珍宝、墓葬建造时间和下葬时间、香囊等。这八项证据除了墓葬建造时间和下葬时间之外，其余各项在其之前各处文章中都有见到。作者关于墓葬建造时间的推测依据是前室北侧室墙壁没有白灰抹面——“这种迹象告诉我们一个事实，那就是在曹操去世的时候这个墓室可能还没有完全建成……彼时正值冬日，由于气候较冷，又在地表之下幽深处墓室内空气潮湿，所以，当时抹石灰面很难附着在墙壁上，所以极有可能干脆就没有进行这项工作”。根据考古报告信息，前室北侧室还有一个特点值得注意，即该室不仅四壁砖块之间没有勾缝、外壁没有抹白灰，其形状与其他三个侧室（均为拱顶）也完全不同，是相对更加复杂的攒尖顶（见报告第72页）。这显然不是仅“冬日建造，气候寒冷”可以解释的。故而此处关于建造时间的判断中，推测成分较多，需要谨慎看待。

① 潘伟斌. 安阳西高穴曹操墓的考古学证明——及与文献的对应关系 // 中国魏晋南北朝史学会, 山西大学历史文化学院. 中国魏晋南北朝史学会第十届年会暨国际学术研讨会论文集. 太原: 北岳文艺出版社, 2012: 477-486.

3.4　2013～2016年

2013年2月14日，复旦大学现代人类学教育部重点实验室继续发表关于曹操DNA的研究成果。在之前检测自称曹氏后人的现代人群DNA基础上，课题组认为找到了曹氏家族的DNA[②]。该文中，通过与安徽亳州元宝坑曹氏家族墓地1号墓

② Wang C C, Yan S, Hou Z, et al. Present Y chromosomes reveal the ancestry of Emperor CAO Cao of 1800 years ago. Journal of Human Genetics, 2012, 57 (3): 216-218.

墓主“曹鼎”[①]DNA的对比，课题组确定了曹操DNA属于O2-M268组，证实曹操可能是从其祖父同族人中抱养[②]。其中得出这一结论的关键证据是元宝坑1号墓墓主的身份判定为曹鼎[③]。

2013年2月20日，徐光冀在《中华读书报》发文认为西高穴2号墓中的“魏武王”铭刻器物，可能是曹操赏赐给他人的，被赏赐者死后将此铭刻器物葬入墓中。因此，西高穴2号墓可能是曹操高陵的陪葬墓，而不是曹操墓本身[④]。

2013年3月21日，潘伟斌在《中国文化报》发文《为什么说西高穴2号墓为曹操墓》，从地望、墓葬形制等各方面介绍曹操墓的论证依据[⑤]。其中大部分内容与其此前在不同期刊发表的文章相近，相对于简报及之前其他文章，此处新出现的内容为“在曹操墓中还出土有12个陶鼎”。陶鼎的信息在简报中披露1件，在《安阳西高穴曹操墓的考古学证明——及与文献的对应关系》一文中披露是11件，此处为12件，说明整理工作还在进行，新信息仍在不断出现。作者还认为鉴定为50岁左右的年长女性与卞后年龄相仿，应是卞后；陆机的弟弟见过部分曹操高陵被盗的遗物，部分物品在西高穴2号墓中所出土石牌中有记载（陈长琦最早提出此观点），其他（石牌）没有记载的物品，相关石牌有可能被盗走。

此文章作者潘伟斌的身份被写成“河南省文物考古研究所副研究员、西高穴2号墓教研队领队”，不知“教研队”一词是从何处误传而来。而此失误在之后被多家网络媒体不加甄别地转载，相关媒体编辑的责任心之缺乏由此可见一斑。

赵宠亮在《中原文物》2013年第2期发文探讨出土石牌中记载的“胡粉”[⑥]，认为曹操高陵出土的石牌均应属于标明物品名称及数量的签牌，名称应叫作楬，而不是遣册；“胡粉二斤”石楬中的“胡粉”，应为当时的美容化妆用品。

武家璧在《华夏考古》2013年第4期发文认为曹操高陵出

① 此文认为曹鼎是曹操的叔祖父 (granduncle)。但是同一课题组2010年发表的判断元宝坑1号墓墓主身份为曹鼎的文章中认为曹鼎是曹操的叔父，见李淑元，李辉. 从牙齿磨损度推断安徽亳州元宝坑一号墓墓主身份. 现代人类学通讯, 2010 (4).

② Wang C C, Yan S, Yao C, et al. Ancient DNA of Emperor CAO Cao’s granduncle matches those of his present descendants: A commentary on present Y chromosomes reveal the ancestry of Emperor CAO Cao of 1800 years ago. Journal of Human Genetics, 2013, 58 (4): 238-239.

③ 李淑元，李辉. 从牙齿磨损度推断安徽亳州元宝坑一号墓墓主身份. 现代人类学通讯, 2010 (4).

④ 徐光冀. “曹操墓”仍不宜定论. 中华读书报, 2013-2-20 (5).

⑤ 潘伟斌. 为什么说西高穴2号墓为曹操墓. 中国文化报, 2013-3-21 (3).

⑥ 赵宠亮. 曹操高陵石牌文字“胡粉”考. 中原文物, 2013 (2).

土的石枕，作用相当于辅助针灸治疗头疼的“温熨”疗法[①]。

① 武家璧. 曹操墓出土“慰项石”考. 华夏考古, 2013 (4).

杨坤在《丝绸之路》2013年第8期发文讨论关于曹操墓的有关问题，指出判定西高穴汉墓主人是曹操的结论符合学术研究的内在逻辑。作者同时提出用来比对考古信息的文献资料并不是拿来就用，要经过筛选，去伪存真；源自考古发现的推论与文献记录并不是简单的“一对一”的印证，而是一系列知识点与一系列文献记录之间的吻合；文献记录最终要服从考古实证[②]。这种理性客观学术态度的缺失现象，显然在大部分质疑者观点中都存在。

② 杨坤. 关于曹操墓有关问题探析. 丝绸之路, 2013 (8).

2013年7月，曹定云再次对“魏武王”刻铭进行讨论，并对徐光冀提出的“赏赐说”与“陪葬说”进行辩驳[③]。作者认为“赏赐论”的论证方法不科学，刻铭“魏武王”石牌上记载的兵器是重要的仪仗兵器，这一礼仪待遇乃天子所赐，不可能赏赐给他人。并且经过梳理曹操的25个儿子和13位近臣，没有一人符合“陪葬者”的时空条件，因此“陪葬说”没有任何根据。作者对兵器的功能认识与武家璧和郝本性两位学者相近。此处对可能的“陪葬者”进行逐个筛选并排除，属于比较详细完整的案例。

③ 曹定云. 再论“魏武王”铭刻是曹操墓的铁证. 中国社会科学报, 2013-7-15 (B1).

2013年12月，中国科学院古脊椎动物与古人类研究所学者利用电子显微镜和三维表面重建手段对曹操墓出土画像石进行工艺分析。分析结果表明在画像石加工的不同阶段、画像的不同部位使用了不同的加工工具和技术[④]。

④ Gu Z, Pan W B, Song G D, et al. Investigating the tool marks of stone reliefs from the Mausoleum of Cao Cao (AD155–AD220) in China. Journal of Archaeological Science, 2014, 43: 31-37.

《大众考古》2014年第1期刊发潘伟斌文章《以“曹操”研究为例正确认识DNA分析与考古的关系》，作者不认同复旦大学学者做出的关于曹操DNA研究的结论，认为“从文化符号来说，曹操家族在一定程度上也许可以代表亳州曹氏，但从生物遗传学角度来看，曹操未必能够代表亳州曹氏家族。因此，在测试曹操遗骨之前所进行的任何反推，得出来的结论都是存疑的”[①]。这是考古学者首次直接对复旦大学开展的相关DNA研究发表意见。

① 潘伟斌. 以“曹操”研究为例正确认识DNA分析与考古的关系. 大众考古, 2014 (1).

2014年《中国古典文献学丛刊（第九卷）》刊发《河南安阳西高穴大墓墓主研究述评》[②]。作者姚草鲜对此前曹操墓相关研究，包括支持观点和质疑观点都进行了简要综述。官方公布证据归纳为四个方面：墓葬规模时代、地理位置和地表状况、出土遗物、墓主遗骨年龄；韩国河等学者支持曹操墓论断的证据归纳为六个方面：墓葬结构形制和规格、年代、“魏武王”石牌为真、“魏武王”文字时代特征、墓葬位置、薄葬特征。质疑方对墓主身份的推测主要有曹奂、姚褰、冉闵、常林、夏侯惇等。作者通过分析认为，质疑方提出的几个可能性都不能成立，目前情况下最有可能的候选人只有曹操。但是仍然有三个疑问待解决：①陪葬墓，卞后合葬和曹冲迁葬问题；②与曹休墓规格对比问题；③画像石年代和内容问题。这是目前为止所见分析比较全面的一篇文章，对正反两方观点都进行了理性讨论。正方观点包括官方公布材料和主要学者的意见，反方观点也包括了大部分质疑说。最后在认可考古结论的基础上提出尚待解决的几个问题。

② 姚草鲜. 河南安阳西高穴大墓墓主研究述评. 中国古典文献学丛刊 (第九卷), 2014.

2014年2月曹定云在《中原文化研究》发文《魏武王铭刻是曹操墓铁证申说》[③]。文章基本内容观点与作者2013年7月在《中国社会科学报》所刊发文章相似，对于“赏赐说”和“陪葬说”逐一进行反驳。

③ 曹定云. 魏武王铭刻是曹操墓铁证申说. 中原文化研究, 2014 (3).

2014年6月，韩国河在《光明日报》发文解析曹操高陵的“多面性”[④]。他指出曹操埋葬地史书上称作陵，就汉晋时期的陵寝制度而言，就不应是简单的一座墓，考古工作中已经发现的陵园建筑及陪葬墓信息说明了这一点；墓葬的规模小于东汉帝陵（不含祔葬性质的帝陵如冲帝怀陵、殇帝康陵），等同于东汉的诸侯王陵，大于侯或两千石级别的墓葬，同时随

④ 韩国河. 安阳西高穴曹操高陵的“多面性”解析. 光明日报, 2014-6-18 (14).

葬品中掺杂了帝制因素；“薄葬”的表现绝非曹操生前所要求的“敛以时服”那么简单，以魏王的身份下葬就应该有符合当时身份的基本葬礼，不能以今天“物质化”的眼光去判断厚葬与薄葬，应该综合当时的情况来判断；曹操高陵丧葬礼制特征既反映了汉文化之延续，但同时又预示了魏晋时期新文化的来临，与其所处时代吻合。

此处多面性的表现在于，在规格上既掺杂帝制因素、具有帝王陵墓的某些特征，同时又符合其诸侯王的身份，不完全等同于帝王；在葬制上既有薄葬的特征，同时也要符合诸侯王的基本礼仪；在时代特征上既有汉文化的延续，又有魏晋文化的萌芽。尤其值得注意的是韩国河对薄葬内涵的认识。早在2010年初，刘瑞、韩国河两位学者就先后指出《遗令》中曹操所提出的薄葬要求，比如“无藏金玉珍宝”“敛以时服”等，都是表达了曹操本人的态度，但是不能反映葬礼实施者的行为，因此要审慎对待。此处韩国河进一步明确指出，作为地位显赫的诸侯王，曹操之葬礼无论如何之“薄葬”，也是要符合基本礼仪的。而诸侯王的基本葬礼规格，显然远非普通人能比，因此决然不宜以今天的“物质化”眼光去简单解读曹操的“薄葬”。通俗言之，诸侯王的葬礼无论如何简省，也绝不可能就是一个墓坑、一具木棺和陪葬几件日用器皿那么简单。考古所见的规模庞大的墓室结构所耗费的人力物力必然十分惊人，这本身就是其葬礼规格的一个体现。

李梅田在《北方民族考古（第1辑）》发文对曹操墓出土的刻铭石牌上记载的名物进行了考证[①]。他指出经过比对考古出土汉晋遣策与随葬品，可以发现遣策所记载的物品并非虚夸，应该体现了汉晋时期的实际埋葬情况。曹魏时期，汉代以来的厚葬之风发生了根本性转变。但是对于曹操墓来说，无论葬礼如何简省，墓葬的规模、随葬物品种类和丧仪仍然是要符

① 李梅田. 曹操墓刻铭石牌名物小考 // 中国人民大学北方民族考古研究所, 中国人民大学历史学院考古文博系. 北方民族考古 (第1辑). 北京: 科学出版社, 2014.

合其尊显身份。曹操墓刻铭石牌提供了一份珍贵的汉末高等级随葬物品清单，在一定程度上可能反映了汉代的天子丧仪。这与上述韩国河的观点一致，即曹操的葬制必然要符合诸侯王的基本礼仪，同时一定程度上包含皇帝的礼仪要素。

2014年，河南大学出版社同时出版潘伟斌的两本著作：《话说安阳曹操高陵——发现曹操墓》（下文简称《发现》）[①]、《话说安阳曹操高陵——解密曹操墓》（下文简称《解密》）[②]。《发现》一书以文学语言介绍了有关曹操的历史背景和曹操墓发现过程。直接与曹操墓相关的内容覆盖从2007年初春潘伟斌首次造访西高穴村被盗墓葬到2010年6月12日中央电视台的现场直播这段时间，包括各类现场踏勘、考古发掘、学术会议、座谈会等细节，是研究曹操高陵考古工作历史的重要材料。书中公布的大量相关照片和背景资料非常有价值。

在《解密》一书中第二章“曹操高陵之发现”详细介绍了墓室结构和出土文物，这是在简报发表之后、报告出版之前由发掘者披露的大量一手资料信息。但是作者在介绍资料的过程中加入了一些个人判断，如第78页关于棺椁“曹操墓的后室内，中靠后部摆放的是他的灵柩，也就是棺椁，棺椁可能由三部分组成，下部是雕刻精美的石棺床，石棺床上放置木制棺木，棺木壁厚达二十多公分，外部可能罩有屋形石椁，石椁外面雕刻有精美的壁画画像石……”考古现场负责人的第一人称叙述，很容易让读者认为这就是考古发现的现场，但是事实上这些并不是考古发现的内容，而是作者自己的推测。第73页根据前室北侧室没有白灰刷墙来推测墓葬建筑时间很短，未来得及完成整个工程，这与作者2012年发表的《安阳西高穴曹操墓的考古学证明——及与文献的对应关系》中所做的推测相同[③]。第93页关于画像石的记载，“此墓出土了大量画像石残块，大多数是出土于早期盗洞周围，少部分出土于墓室内，而

① 潘伟斌. 话说安阳曹操高陵——发现曹操墓. 郑州: 河南大学出版社, 2014.

② 潘伟斌. 话说安阳曹操高陵——解密曹操墓. 郑州: 河南大学出版社, 2014.

③ 潘伟斌. 安阳西高穴曹操墓的考古学证明——及与文献的对应关系 // 中国魏晋南北朝史学会, 山西大学历史文化学院. 中国魏晋南北朝史学会第十届年会暨国际学术研讨会论文集. 太原: 北岳文艺出版社, 2012: 477-486.

且出土于墓室内的画像石多位于前室内，一般保存较好，甚至较为完整”，这一描述也容易引起读者困惑——简报及各种新闻报道中所见较为完整的画像石只有一块，即那块追缴回来的断成三截的“七女复仇”画像石。第94页图片显示的即为这块画像石，图片说明为“出土于前室的画像石（追缴品）”，这一说明本身就存在矛盾之处。书的最后附录6篇对网络上各种质疑观点的回应、相关疑问的解释以及“曹操高陵考古队严正声明”等，都是来自新浪博客，未见正式发表于学术刊物。

上述两本书的序言写于2010年9月，所记载的内容截至2010年6月12日，书的版权页显示出版时间应该在2010年，但是印刷时间是2014年2月。这说明这两本书应该在2010年已经完成，只是到2014年才正式印刷问世。这在梳理曹操高陵相关研究文献时需要特别注意。

2015年,《北京古都历史文化讲座（第二辑）》发表刘庆柱讲座内容《曹操墓》[①]。文章介绍了曹操相关的历史信息和曹操墓发现和发掘的过程，主要论证依据（年代、规格、地望、墓主年龄）；同时对于“七十二疑冢”之说、石牌文字和魏武王称谓、未见墓志哀册、薄葬与否、地望、DNA等质疑或者疑问一一进行驳斥或者解释。特别指出墓葬中发现的金银玉器等应当是衣服上的装饰，属于“敛以时服”，与“无藏金玉珍宝”不矛盾；“不封不树”及规模较小的陵寝建筑本身就是薄葬的体现。这是在刘瑞、韩国河、李梅田等学者之后，再次对薄葬内涵进行科学解读，解释“薄葬”“敛以时服”“无藏金玉珍宝”各自的真实含义。

同书收录白云翔讲座《中国古代大型墓葬墓主人判定的理论与实践——以曹操墓等汉代王侯陵墓为例》[②]。白云翔将曹操墓争论分为三个阶段：2009年12月至2010年5月为争议最热阶段，主要焦点在墓主是否为曹操；2010年6～8月因“全

① 刘庆柱. 曹操墓 // 北京市文物保护协会. 北京古都历史文化讲座 (第二辑). 北京: 北京燕山出版社, 2015: 198-208.

② 白云翔. 中国古代大型墓葬墓主人判定的理论与实践——以曹操墓等汉代王侯陵墓为例 // 北京市文物保护协会. 北京古都历史文化讲座 (第二辑). 北京: 北京燕山出版社, 2015: 223-248.

国十大考古新发现”评选和中央电视台直播考古现场等原因再度引起争议，并直接演化为“真与假”的争论，成为社会性事件；2010年9月以后，随着曹操高陵考古发现专家座谈会的召开和《曹操高陵考古发现与研究》一书的出版，系统展示了前10个月的研究成果，争论趋于平静。随后列举了古代大型墓葬墓主人判定的三种情形，结合河北满城汉墓、徐州龟山汉墓、广州象岗山汉墓、徐州狮子山楚王墓和北京大葆台汉墓等实践案例介绍判定墓主身份依据的基本理论和方法。最后指出西高穴大墓的墓主身份判定为曹操，也是依据同样的科学方法，根据考古发现并结合文献记载，通过时间要素、空间要素和特定要素的分析以及这三个要素的互补互证得出结论。这是首次从学术角度对曹操陵墓相关的研究发展进行阶段性总结回顾，并从考古学理论方法的角度对考古结论的科学性进行分析。

《北京古都历史文化讲座（第二辑）》为多年讲座活动论文汇集，所收录文章年代跨度较大。根据中国社会科学院考古研究所官方网站信息，刘庆柱参加“北京古都历史文化讲座”讲述曹操高陵考古发现时间应该是在2011年3月，白云翔参加讲座的时间应该在2011～2014年。因此两位学者的观点并非2015年度新提出的观点，实际上是他们在之前数年中一直坚持的认识，相关内容已经在此前不同场合（学术讨论会或文章）中发表。

复旦大学现代人类学教育部重点实验室课题组关于曹操及其DNA的研究结果2015年在《人类学学报》以中文再次发表。文少卿等认为对元宝坑1号墓曹操叔祖父曹鼎古DNA实验分析，证明了曹操及其后人的遗传类型属于O2-M268+，F1462+，PK4–[①]。文中并未提及曹操墓本身相关问题。

2016年，曹定云在《中原文化研究》发文认为曹操墓中那位年长女性就是卞太后，年轻女性应是卞太后的侍女或佣人，她是自愿或被迫为卞太后“殉死”[②]。其论证的依据除了

① 文少卿, 王传超, 敖雪, 等. 古DNA证据支持曹操的父系遗传类型属于单倍群O2. 人类学学报, 2016 (4).

② 曹定云. 论曹操墓中的卞太后. 中原文化研究, 2016 (4).

文献记载的卞后祔葬高陵之外，就是潘伟斌博客披露的曹操墓有二次打开的痕迹，以及吉林大学朱弘教授根据头骨上骨缝的愈合程度判定墓中合葬女性年龄在60～70岁。进而认为墓中的部分“珠宝”可能为卞后所有，出土“手形”铜印可能是“后宫”所用。关于朱弘教授对年龄的鉴定信息，目前仅见于上述博客信息，之前发表的简报并未引用。此文收稿日期为2016年4月21日，此时报告尚未出版。文中“殉死”一说是继2012年李凭提出“殉葬”说之后第二次出现类似观点，不过仍然没有提供任何直接或者间接的证据，属于个人推测。

2016年10月，考古发掘报告《曹操高陵》由中国社会科学出版社出版。报告除了详细介绍墓葬形制、出土遗物之外，还对1号墓主人身份、1号墓北面夯土遗迹性质、北墙基槽夯土东段扩宽部分成因等问题进行了讨论。在结论部分列举了22项证据证实2号墓葬为曹操陵墓。相关研究成果部分收录了9篇研究成果，除了一篇专家论证会发言记录之外，另有王明辉、刘庆柱、陈长琦三位学者的文章，其余5篇均为发掘负责人自己的相关研究成果（其中第九篇渠枕研究为发掘负责人与黄建秋合著）。作者认为1号墓可能是曹昂的衣冠冢，年代应该晚于2号墓；2号墓除了墓主曹操之外，另外两名女性分别是卞后和曹昂生母刘氏。墓葬有二次葬的痕迹，这是首次在考古报告中提出，也是作为论证卞后合葬于M2的证据之一。

关于2号墓中年长女性人骨鉴定问题，报告收录了王明辉的鉴定报告，认为年龄“应该在50岁左右”。但是在第十七章第八节《曹操夫人卞氏年龄考》一文中提到“也有专家鉴定为60岁左右”，并未说明详细来源信息或专家姓名。

考古发掘报告全面介绍了1、2号墓的详细材料，内容十分丰富，相关信息介绍非常全面，代表着曹操高陵的相关研究进入了一个全新阶段。任何领域和方向的研究者都能够从报告中找到相关遗迹和遗物的具体背景信息，从而以科学的材料为基础开展深入研究。

在这一阶段中，由于简报资料的发表，相关研究者有了更加翔实的基础资料可参考，因此相关研究的方向和角度也就更加丰富。整体上，对考古结论的支持和质疑两种声音仍然同时存在，但是持质疑观点的文章在2013年之后已经不见于各类期刊。而历史考古专家方面，除了继续开展有针对性的研究，如薄葬内涵的解读、铭文用语、铭文所记物品考证等之外，更多学者开始从汉魏丧葬制度演变、考古学论证方法、曹操高陵本身复杂的历史文化背景等宏观层面解读曹操高陵的考古结论。特别需要注意的是，白云翔、王子今、梁满仓等多位学者也分别在不同文章中对相关争论所表现的学风问题进行批评，部分学者也开始理性看待质疑方所提观点的学术价值，并不是单纯地全盘否定或者忽略。

因此，相对于简报发表之前的针锋相对的辩论，此时的讨论更加趋向理性平和。历史和考古专家学者也不再局限于针对某一个质疑观点进行反复的阐释说明，而开始从方法论的角度解读整个曹操墓的考古现象，介绍考古研究中墓主身份的论证方法。

4. 发掘报告出版至陵园发掘简报发表

自2016年10月考古报告出版之后，根据其介绍的内容可知，除了还有大量画像石碎块未拼对完成之外，前期所有与墓葬直接相关的材料基本公布完毕。此后至陵园简报发表之前，公开发表的研究仅见三例。

在2017年《西部考古（第12辑）》所刊文章中，潘伟斌结合历史文献记载论证了卞氏去世时的年龄为64岁，而不是一般认为的71岁。2号墓中所发现年长女性遗骨的年龄鉴定结果（50岁左右）虽然与作者推断卞氏的年龄有少许出入，但仍然在人骨鉴定允许的误差范围内，因此与卞氏去世时的年龄基本吻合。结合考古中发现的二次葬现象，推断其应该是曹操夫人卞氏的遗骨[①]。此文的基本观点与报告第十七章第八节“曹操夫人卞氏年龄考”基本一致，作者所说的人骨鉴定的误差范围应当是在报告中所引李法军观点，认为牙齿磨损程度反映的年龄与真实年龄之间“二者误差通常在十岁左右”[②]。因此在年龄鉴定结果（50岁左右）基础上加10岁误差，则基本符合其对卞后实际去世年龄的推断（64岁）。但是此文中并未提及“曹操夫人卞氏年龄考”文中的“也有专家鉴定为60岁左右”的信息。

同年，潘伟斌在《大众考古》刊文讨论曹操墓被盗问题[③]，认为初次盗掘的主要目的并不是盗取墓葬内的文物，而是带有十分明确的政治报复意图。因此人骨面部被破坏、棺椁被破坏、屋状石椁被砸碎、反映身份的十二陶鼎及其他器物均被破坏。

2018年，徐正考、金东雪在《史学集刊》撰文对曹操高陵出土石牌“玄三早绯”“勳二绛绯”作了补释[④]（此文收稿时间为2017年5月，故放到这一阶段），认为曹操高陵“玄三早绯”、“勳二绛绯”及洛阳西朱村曹魏墓“玄三纁二”三块石牌的出土，对研究赗赠之礼和遣策制度具有重要意义。

2018年2月曹操高陵陵园发掘简报发表，这是陵园建筑相关考古材料首次正式发布，厘清了之前的许多问题。简报披露的几个关键信息如下：①陵园建筑存在，并且被毁弃，毁弃之后现场收拾得非常干净，砖瓦等建筑材料遗存几乎全部清理到其他地方；②确认1号墓被叠压在陵园内墙之下，早于2号墓，与陵园布局无关；③陵园东北角被一较晚的东西向长方形遗迹打破；④确认2号墓位于陵园的中心[⑤]。这些情况与报告

① 潘伟斌. 曹操墓内发现年长女性遗骨的身份与曹操夫人卞氏年龄考 // 文化遗产研究与保护技术教育部重点实验室, 西北大学丝绸之路文化遗产保护与考古学研究中心, 边疆考古与中国文化认同协同创新中心, 等. 西部考古 (第12辑). 北京: 科学出版社, 2017.

② 河南省文物考古研究院. 曹操高陵. 北京: 中国社会科学出版社, 2016: 310-316.

③ 潘伟斌. 被盗的曹操陵墓. 大众考古, 2017 (8).

④ 徐正考, 金东雪. 曹操高陵出土石牌“玄三早绯”“勳二绛绯”补释. 史学集刊, 2018 (2).

⑤ 河南省文物考古研究院, 安阳市文物考古研究所, 曹操高陵管理委员会. 安阳高陵陵园遗址2016—2017年度考古发掘简报. 华夏考古, 2018 (1).

中介绍的早期勘探所获线索有很大差别，为后续研究提供了更加准确的信息。

在考古发掘报告出版之后，相关学术研究方面呈现出的“平静”局面令人意外。即便是数年前声称考古队公布印章具体尺寸和重量之后便能鉴定出作伪年代的书画家李路平也未见发表任何新观点。

5. 陵园简报发表之后

2018年，鹏宇在《出土文献》第1期撰文对曹操墓出土画像石残块内容及残文作了补释[①]。郑志刚发表《曹操高陵画像石鲰论》[②]，首次提出发掘者关于“七女复仇”画像石来源的说法自相矛盾，并列出了学者关于这些画像石来源的两种不同看法——一种认为画像石本身与墓葬关系不大；另一种认为画像石出自墓中，可能是屋形石椁残块。另外，对不同学者关于画像石功能（墓门或铺地石）的认识进行了综述。文章主要内容是对12例残缺画像石进行内容考释和工艺探究。作者在结论中并未对画像石的来源或者功能发表自己的看法，主要在讨论工艺和风格，对于韩国河提出的“该墓出土的画像石风格明显不同于南阳和许昌，这种减地线刻的技法，可从东汉晚期山东的画像石特征中去寻找”一说表示认可[③]。

朱浒在《中国美术研究》2018年第4期刊文也对画像石问题进行了讨论[④]。作者主要对报告中无榜题的故事进行考证，并将报告中的“罗敷采桑”修正为“鲁秋洁妇”。作者认为曹操墓画像石的内容和技法与山东嘉祥武梁祠接近，曹操墓画像石蕴含的文化属性较多，以儒家为主体，兼有墨家、谶纬、原始佛道等多种文化因素的影响。

① 鹏宇. 曹操高陵画像石残块内容及残文补释. 出土文献, 2018 (1).

② 郑志刚. 曹操高陵画像石鲰论. 大连大学学报, 2018 (5).

③ 韩国河. 有关河南安阳“曹操高陵”的几个问题. 中国文物报, 2010-2-12 (3).

④ 朱浒. 曹操墓画像石之“金日磾”“贞夫韩朋”“鲁秋洁妇”故事考. 中国美术研究, 2018 (4).

潘伟斌在《黄河·黄土·黄种人》2018年第6期刊文再次讨论曹操墓被盗问题[①]。此文的内容与2017年《大众考古》第8期所刊《被盗的曹操陵墓》一文大体相同，通过墓内遗物的破坏情况及当时的社会背景，认为墓葬在早期遭到政治报复性质的破坏。

① 潘伟斌. 浅谈曹操陵墓被盗问题. 黄河·黄土·黄种人, 2018 (6).

在《黄河·黄土·黄种人》2018年第24期，潘伟斌刊文讨论墓葬中出土的珍珠、小玉珠功能[②]。他认为这些珠子太小，中间有一个穿孔，应该是曹操生前所佩戴的冠冕上十二旒上的串珠。并且曹操在恢复周礼时，极有可能参照周代的样式，将王冠上旒的颜色由汉代纯白色恢复成周代五彩颜色。推测7颗珠子为墓主生前所戴冠冕之饰物，可备一说；但是在此基础上继续推测冠冕上的旒由纯白色恢复到五彩色，略显主观。作者推测可能是由于曹操墓的特殊埋藏环境（深埋地下，墓内十分潮湿）导致王冠上旒的丝带变得十分脆弱，受到粗暴盗掘或其他因素的影响，使得个别丝带断裂、玉珠散落在墓室内不同地方。鉴于出土珠子数量极少且缺乏其他佐证，这些观点暂且只能作为一种参考。

② 潘伟斌. 曹操墓出土的小玉珠、珍珠功用之探讨. 黄河·黄土·黄种人, 2018 (24).

《中原文化研究》2019年第3期刊发潘伟斌文章《再论曹操墓》[③]。该文讨论了曹操墓考古发现的学术价值，出土文物在解决墓葬年代和墓主身份问题上的作用，以及汉魏时期葬制问题等。作者再次提出1号墓极有可能是曹操长子曹昂的衣冠冢，未提及陵园考古发掘简报中对1号墓的相关认识（早于陵园，可能是被有意回填的废弃墓葬）。

③ 潘伟斌. 再论曹操墓. 中原文化研究, 2019 (3).

2020年，唐际根、钟雯发表《曹操墓出土〈七女复仇〉画像石解读》，通过与全国各地出土的类似题材画像进行对比，对追缴的“七女复仇”画像石内容进行了详细解读，同时认为该画像石可能是来自某处画像石祠堂，被拆除之后用来作为建造曹操陵墓的石材[④]。

④ 唐际根, 钟雯. 曹操墓出土《七女复仇》画像石解读. 美成在久, 2020 (4).

2021年，王子今发表《曹操高陵“渠枕”考》一文，通过分析汉魏之际社会上层人物对于来自西域物品的喜爱，以及曹操使用西来物质生活消费品等历史信息，推测曹操墓随葬之“渠枕”为来自“渠国”的玉料或次玉石料所制的“枕”[①]。又发表《曹操高陵“香囊”考议》一文，认为东汉魏晋时期用香的习俗也是与西域文化影响有关[②]。

综上所述，在陵园简报发表之后的数年内，所见的数量极少的研究主题集中在画像石或相关器物及刻铭解读方面，关于墓葬本身的研究并无新成果发表。

① 王子今. 曹操高陵“渠枕”考. 文物, 2021 (10).

② 王子今. 曹操高陵“香囊”考议. 中国文化, 2021 (2).

6. 曹操高陵研究评述

在中国考古学百年历史中，极少有考古发现能够受到曹操高陵这样的关注，围绕一个考古发现开展的相关研究也没有如此集中。然而在过去十余年中，并没有学者对于这个研究和相关讨论过程进行全面梳理和分析。学界所看到的除了考古简报和报告之外，只有零散分布于不同期刊和报纸的研究文章；而公众所看到的，大部分都是网络媒体上各种“质疑”声音，以至于相关研究的全貌和发展历程极少为人所知，这无疑是一种缺憾。

2010年底出版的《曹操高陵考古发现与研究》一书虽然收录了53篇约25万字的研究文章，但是其涵盖的时间仅限于当年讨论的高峰期时段，且只收录了支持方的观点，未对质疑观点有所整理或关注，也缺少综合性分析。与此书差不多同时出版的《曹操墓事件全记录》集中展示了国内外学术界、舆论界对曹操高陵考古发现的辩论和讨论，所收录的资料比较全面地展示了2010年9月之前的学术界意见和社会观点，但是涵盖的时间短，且收集了大量媒体文章——这些文章大多缺乏严谨的学术论证过程，且很多依据都是道听途说甚至是误传。2016年出版的《曹操高陵》发掘报告中也缺乏相关综述性的内容，最后的相关研究成果一章中收录9篇研究成果，除了一篇专家论证会发言记录之外，仅有3位其他学者的研究成果（王明辉、刘庆柱、陈长琦），其余5篇均为报告作者自己所著，亦未能展现学界对于相关研究工作的全貌。

本章所做的综述覆盖了1983年以来所有关于曹操陵墓的研究成果，时间截止到2021年；所收录文章基本涵盖了各个不同方面，不以观点为导向；同时资料的来源限于正规学术期刊和权威报刊，以保证可信度和参考价值。因此一方面能够供读者全面观察和分析这一研究的变化发展过程，揭示后续研究方向；同时也能够为后来研究者提供参考，使之不用在庞大甚至纷杂的数据库中为了再次梳理相关文献而重复耗费时间和精力。

截至2021年底，在曹操高陵考古成果公布十二周年之际，在各类学术期刊和重要报纸上发表的关于曹操墓的研究文章一共124篇（含英文期刊文章，不包括地方性报纸和网络文章），各类著作共计15部；开展相关研究并公开发表成果的学者90余人。这些文章和专著数量按照前面划分的五个阶段统计如表1所示。

表1　曹操高陵相关研究不同阶段成果数量统计

时间阶段	文章/篇	著作/部	备注
新闻发布会之前（2009年12月27日前）	10	1	
新闻发布会至简报发表（2010年1～8月）	47	10	含墓葬发掘简报 专著类有5部不算学术著作
简报发表至报告出版（2010年9月至2016年10月）	55	4	含墓葬发掘报告
报告出版至陵园简报发表（2016年11月至2018年2月）	4		含陵园发掘简报
陵园简报发表之后（2018年3月以后）	8		
合计	124	15	

在曹操高陵考古发现公布之后发表的相关研究论文，即2010年以后的文章合计114篇。按照年份来划分，这些研究文章的数量具体呈以下分布状态（图13）。

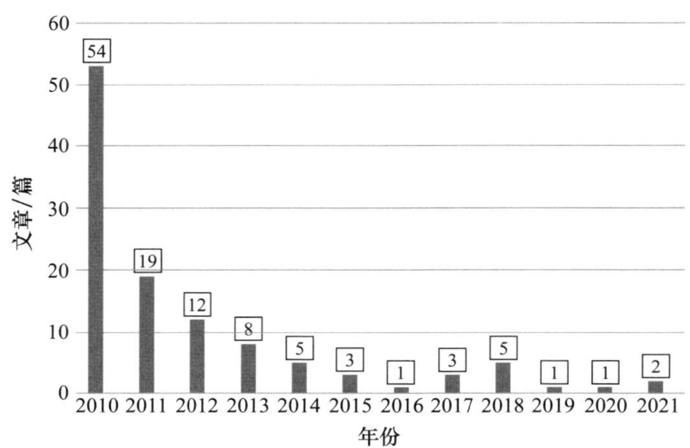

图13　2010～2021年曹操高陵相关学术论文数量分布图

图13所见的整体趋势比较明显：2010年是最高峰时期，发表文章的数量约占这一时期总数（114）的一半，其后逐年下降。2016年除了出版的发掘报告之外，只有1篇相关研究文章；2017～2021年的12篇文章中，4篇为考古项目负责人所著，陵园发掘简报1篇，另外有画像石相关研究文章4篇及石牌文字考释3篇。按照这个趋势来分析，关于墓葬本身的相关研究实际上在2015年已经接近尾声。

上述数据基本涵盖了所有中文学术期刊（包括部分英文期刊）和权威报刊所发表的相关文章，以及各大出版社出版的专著；而且统计的标准是公开正式发表，而不是根据其观点有所取舍。这些文章和专著中除了考古和历史学界的支持观点之外，也包括了方北辰、钱玉趾、袁济喜、黄震云等学者的质疑文章，以及张国安、倪方六以质疑为基调的专著，因此基本上能够反映相关研究的全貌。

白云翔将曹操墓的争议分为三个阶段，他认为在2010年9月以后，随着曹操高陵考古发现专家座谈会的召开和《曹操高陵考古发现与研究》一书的出版，前10个月的研究成果得以系统展示，相关争论趋于平静[①]。但是在2011～2013年，先后有黄震云、李路平、徐光冀、钱玉趾和刘斐等学者发文对相

① 白云翔. 中国古代大型墓葬墓主人判定的理论与实践——以曹操墓等汉代王侯陵墓为例 // 北京市文物保护协会. 北京古都历史文化讲座(第二辑). 北京: 北京燕山出版社, 2015: 223-248.

关结论质疑和商榷，并且之前一直在媒体上传播的“造假说”开始由媒体转向学术平台，如黄震云和李路平均是在学术期刊上发文声称造假。因此更加准确地说，这个阶段之后，由于官方材料的系统性发表（发掘简报）和专家释疑解读的集中发布（专家座谈会纪要及《曹操高陵考古发现与研究》)，媒体关注度下降，在媒体上的争论逐渐转入学术平台。从外部媒体热度上看来似已风平浪静，但实际上并未平息。

2014年及其后，各类学术期刊或者报刊上已不见质疑类文章，说明随着大量研究成果的发表和原始资料的公布，持有质疑观点的学者可能已经有所改变，或者说没有新的可用之词。在历史考古学界专家分别就自己的研究方向对墓葬的地望、年代、规格形制、丧葬习俗、出土文字材料的文字形体和文化内涵等直接相关的具体问题发表见解之后，白云翔等学者开始对中国古代大型墓葬墓主人判定的理论与实践进行总结，将之前所有的论证要素归纳为时间要素、空间要素和特定要素三个方面[①]，同时列举了多个案例以展示这三个要素在考古实践中的具体运用。关于西高穴大墓的墓主身份断定，虽然在不同的地方展示了六大证据条（新闻发布会）、九大证据（2009年度中国社会科学院考古研究所公共考古论坛）、十大证据（墓葬发掘简报）和二十二项证据（考古发掘报告)，但是整体上都可以分别归纳到这三个要素中。

① 白云翔. 中国古代大型墓葬墓主人判定的理论与实践——以曹操墓等汉代王侯陵墓为例//北京市文物保护协会. 北京古都历史文化讲座(第二辑). 北京: 北京燕山出版社, 2015: 223-248.

2016年及其后的研究中，学者已经不再讨论上述三个要素的内容，而是转向墓主身份之外，如卞后、画像石、石牌文字、盗扰活动等问题。这标志着关于墓主身份和考古结论的相关讨论基本结束。

经过上述梳理可以看出，围绕曹操陵墓开展的相关争论大体呈现这样几个阶段：2010年为高峰期，其中主要讨论平台，尤其是质疑者的发声平台是各类媒体；2011～2013年质疑声音主要在学术平台上出现；2014年之后，质疑声音基本消失；2016年及其后，围绕西高穴2号墓墓主身份的讨论基本结束，学者转向其他相关研究阐述。

在2016年之前，除了少部分学者亲自访问考古现场并观看了详细考古材料之外，大部分研究者所依据的材料都是来自新闻发布会披露的有限信息或发掘简报，甚至是各种媒体发布的片段信息或不实信息。令人意外的是，2016年考古发掘报告出版和2018年陵园发掘简报发表，虽然公布了详细的墓葬和陵园信息，尤其是陵园发掘结果为解答之前学者提出的有关疑问提供了新的材料，但是并没有引起新的相关研究。这种现象说明判定墓主身份的三大要素以及和墓葬直接相关的各种问题在前期已经有比较全面的阐释和解读，没有重复的必要。对于此前那些持质疑态度的学者来说，也没有继续发挥的空间。

值得反思的是，在这些文章中，46篇发表于正式简报公布之前（参见表1），55篇发表于简报之后和考古报告出版之前。考古发现公布之后，在报告出版之前刊发的文章占据了所有研究文章的81%。与之相对的是，发掘报告的出版和陵园简报的发表并未引起新的研究热潮，此课题的关注度反而是持续下降。大量研究完成于原始考古材料完整发表之前——在前文的综述中也不难发现，相当数量的文章所依据材料来源于网络报道甚至他人转述，这是曹操高陵相关研究表现出的比较奇特的现象。

纵向观察自1983年以来围绕曹操陵墓开展的相关研究发展历程，新考古材料的发现是推动研究进程的关键力量——讲武城外古墓葬的考古发现进一步证实了“七十二疑冢”之说的传说性质；学者首先根据西门豹祠相关遗迹将曹操陵墓的范围确定在漳河附近；随后鲁潜墓志的发现使得其范围进一步缩小到漳河南岸西高穴村和渔洋村附近；被盗文物的出现则将其位置直接指向西高穴村南部被盗的东汉大墓；正式的考古工作则确认了这一推测。

在考古发现公布之后所引起的讨论中，质疑或商榷的观点虽然只在学术平台上偶然出现，但是获得了广泛社会关注，造成了不可忽略的影响。考古和历史学家所做的研究很大一部分是在“被迫”去回应相关质疑、阐释相关疑问。然而正是这些“被动”的研究，极大地扩展了曹操高陵相关研究的广度和深度——如本节开头所说，百年中国考古史中围绕一个考古发现开展的相关研究从未有过如此集中。在所统计的100余篇论文和数本专著中，研究的内容不再局限于考古本身，如墓葬形制结构、年代规格、丧葬制度、墓主身份判定原理等，而是进一步延伸到古代礼制、文字、生活、丝绸之路文化交流甚至学术规范等多个领域，使得考古材料的研究潜力和价值得到最大程度的发掘。从这个角度讲，曹操高陵相关研究历史充分展现了考古材料在历史研究中的独特价值和魅力。

第四章 质疑观点综述

1. 质疑活动回顾

2009年12月27日曹操高陵考古成果发布之后，短时间之内涌现大量的“质疑”“反驳”观点，充斥各大媒体报刊头条。这些持质疑观点的人一般被媒体和公众称为“倒曹派”。从尊重不同观点和理性开展学术讨论的角度，我们在这里将这些对曹操高陵考古结论质疑的群体称为“质疑派”。至2010年8月21日，“质疑派”在苏州召开“三国文化全国高层论坛”，其在媒体上的影响达到顶峰。同年9月，一度成为“质疑派”代表人物之一、在媒体上不时“爆料”的闫沛东被质疑身份造假（一年后被警方确认其真实身份为在逃诈骗案件嫌疑人），“质疑派”在网络媒体上的影响逐渐式微。此后，少数持不同观点者选择在学术平台上发文讨论问题。至2014年，质疑观点基本不见于媒体或者学术平台。

关于这个代表质疑活动顶峰的“三国文化全国高层论坛”，虽然一度在媒体上引起轰动，但目前能查询到的详细信息十分有限，仅在个别参加者的新浪博客和少数媒体报道上有片段信息。根据目前能搜集到的有限信息，将这次活动简况大致梳理如下。

此活动据称由河北邯郸古邺文化研究会、安徽亳州三曹文化研究中心、江苏教育电视台、江苏省收藏家协会等单位共同主办，“共有来自国内、海外学者23人参加，收到论文19篇，其中15篇论文从考古、历史、民俗、金石等各个角度，对2009年12月27日河南省文物考古研究所在北京公布的‘安阳曹操墓’，进行了认真而又深入的研讨”（来源：倪方六新浪博客）。至于会议具体内容，除了《光明日报》2010年8月24日刊发部分发言辑录之外，其收到的15篇针对曹操墓的研讨“论文”至今不见详细内容。

根据《大河报》2010年8月28日第8版提供的23人参会名单进行检索[①]，在2010～2021年，这些参会人员中除李路平（2篇）[②]、袁济喜（1篇）[③]、黄震云（1篇）[④]等三位发表过与曹操墓研究相关的论文，张国安和倪方六各出版1本相关著作之外，另有李灿与王占峰参加了复旦大学关于曹操DNA的相关研究活动，刘心长在早年出版过1本《曹操墓研究》，其余人在此之前或者之后都没有发表过与曹操陵墓研究相关的学术文章、著作，绝大部分人甚至没有发表过任何正式的学术论文。尤其值得注意的是，这些极少数的文章和著作绝大部分是在“论坛”之前发表的，活动之后仅有李路平和黄震云各发表1篇文章。很显然，其他绝大部分参加者（21人）在“论坛”上的发言或者提交的论文最终并未形成可以公开发表的学术性成果。

至于参加者中的“海外学者”应当是指李路平，其在发表文章中公开的身份为江苏省书画鉴定委员会主任委员、美国普林顿大学教授（也有多家网络媒体写成普林斯顿大学）。美国普林顿大学的官方网站已经关闭，英文媒体上没有任何该学校信息。台湾媒体信息显示，该学校实际上是美籍华人在加利福尼亚州注册的私立进修教育机构，其校长2018年因涉嫌倒卖学历和以办绿卡名义诈骗被台湾警方通缉。据此可以肯定他的“海外学者”头衔也值得商榷，参加者背景之复杂由此可见

① 潘伟斌. 三问“三国文化全国高层论坛”. 大河报, 2010-8-28 (A8).

② 李路平. 曹操墓“神秘印符”证伪. 书法, 2011 (9); 李路平.《鲁潜墓志》河南伪造. 书画世界, 2010 (141).

③ 袁济喜, 王猛. “曹操墓”盖棺定论为时尚早——应在析疑与求实中探索历史真相. 探索与争鸣, 2010 (3).

④ 黄震云. 关于安阳西高穴“曹操墓”石刻的名物名称. 殷都学刊, 2011 (1).

一斑。其两篇文章分别发表在与历史或者考古研究完全无关的《书法》和《书画世界》上，在所有持质疑观点学者中也属少见。

根据媒体数据分析，曹操墓事件中曾经出现舆论“一边倒”的现象[①]，似乎质疑的声音一度占据上风。通过前面对质疑活动顶峰事件“三国文化全国高层论坛”的简短分析可以看出，在舆论中扮演“意见领袖”角色的质疑者，尽管很多人也是大学或者研究机构的学者，甚至还有人打着“海外学者”的旗号，其实并未拿出（或者说没有能力拿出）真正的成果开展规范的学术讨论。

① 何丽. 探析“曹操墓”事件中的舆论一边倒现象. 中国研究生, 2010 (9).

在第一章对考古发现公布之后十多年间研究文献的梳理中，所有正式发表学术论文来阐述其质疑观点的学者合计10人，文章共计13篇，占所有相关学术论文总数的11.4%。这些论文中如果再除掉部分虽然发表在学术刊物上，但实际上从思路到方法到论据都没有学术价值可言的“成果”（如论证西高穴墓主为后赵石虎一文），整体所占比重就更小。另外，倪方六和张国安两人虽然各出版1本曹操墓相关著作，但是并未发表任何相关学术论文。通过这些数据对比可以肯定地认为，在学术研究领域实际上是另一种“一边倒”的现象，质疑者的声音十分微弱。

需要注意的是，这些持质疑观点的学者中，部分人确实表现出了严谨的治学态度，也为后续研究提出了非常有深度的建设性意见。例如，方北辰虽然对相关礼制问题持有异议，但是从学术角度驳斥了那些凭直觉质疑“常所用”一词不合时代特征、因此必然为伪造的观点。他同时指出西高穴墓葬出土的刻石文字措辞中所蕴含的文化信息内容丰富、代表的时代特征十分特殊（特别存在于汉魏两晋六朝时期），因此“绝非后世的文物作伪造假者，尤其是当今的文物作伪造假者所能全面熟悉并且恰当表述”[①]。这种实事求是、公正客观的治学态度无疑是值得肯定的。

① 方北辰. 曹操墓认定的礼制性误判. 成都大学学报（社会科学版）, 2010 (6).

在相关讨论开展的初期，质疑者复杂的背景、咄咄逼人的态势、对学术讨论规范的无视一度让大部分考古和历史学者极为反感，因此无人愿意去仔细审视他们的观点。在当时的背景之下情有可原。此后十余年之久，无论是河南省文物考古研究所编著的论文集《曹操高陵考古发现与研究》，还是2016年出版的发掘报告《曹操高陵》，几乎都未提及任何质疑学者的观点。也未有学者撰文去认真回顾和梳理这些质疑观点，去关注其中可能存在的价值，不能不说是一种遗憾。

多位专家学者在不同场合指出，曹操墓的讨论从根本上说是一个学术问题，因此要以学术的方式进行。正常的学术讨论，就应该有不同的声音。而任何一项科学客观的研究，也都需要关注不同的声音。对质疑观点的综述，一方面是出于对每位参与讨论者的成果之尊重，另一方面是为了更加全面客观地展示相关研究之面貌。因此下面对这些以学术讨论方式（论文或者著作，而不是媒体采访或者网络文章）提出的质疑观点进行梳理，并列出相对应的释疑或者反驳意见以供对比思考。

2. 质疑观点与辩驳

通过对10名公开以学术讨论的方式表达质疑的学者文章及著作进行整理，这些观点大体可分为五类：非曹操墓，可能为疑冢；非曹操墓，证据伪造（未提出可能的墓主选项）；非曹操墓，可能为曹操陪葬墓；非曹操墓，墓主可能为曹奂或者石虎；断定墓主为曹操的证据不足。下面对这五类观点及相关专家的反驳意见分别进行介绍。

2.1 非曹操墓，可能为疑冢

在曹操高陵考古发现公布以来，公开持疑冢观点并在学术平台上发文讨论的只有俞绍初一人。他首先承认魏武王之称谓与曹操身份符合，刻铭石牌上的铭文字体与东汉时期形态符合。但是由于墓中年长女性与卞后去世年龄不符；出土珠玉类器物与“无藏金玉珍宝”的薄葬要求不符；“挌虎”之武器与曹操身份不符，像是猎户；“慰项石”之称谓前所未见；“武帝”之金玺未见，因此西高穴大墓的墓主不可能为曹操[①]；进而根据《河朔访古志》等记载认为在元代以前疑冢是确实存在的，并且七十二疑冢正是在安阳丰乐镇一带。因此西高穴大墓的种种特征像是曹操的疑冢，而里面几具尸骨和陪葬物可能是为了迷惑盗墓者在曹操死后临时埋进去的。

第三章研究综述中介绍的第一篇即为1983年发表的关于“七十二疑冢”之说的文章，作者指出所谓曹操的七十二疑冢之说都是南宋以后受朱熹“尊蜀贬魏”思想的影响而产生的，而讲武城外的那些被认为是疑冢的坟丘则是北魏北齐皇族陵墓[②]。1988年《人民日报》刊文进一步指明过去在民间传说中被认为是曹操“七十二疑冢”的古墓实际上是北朝的大型古墓群。1989年张之、乔文泉也指出疑冢之说“不过是后人以为曹操多有机心，死犹欺世，而造成不经之谈”[③]。在考古发现的大讨论开始之后，又先后有刘庆柱、王学理、王子今、朱绍侯等多位学者多次就“疑冢”的传说性质进行解释和澄清。澄清“疑冢”之说并非完全靠文献证据，而是有考古材料为依据。

在曹操墓发现之前，“疑冢”说的观点已经被否定，并且20余年没有见任何争议。在曹操墓的争议热潮中，即便是对考古结论持质疑观点的学者（仅指正式发表学术观点的学

① 俞绍初. 探讨曹操墓真伪问题. 光明日报, 2010-1-18 (5).

② 陈显远. 曹操“七十二疑冢”辨. 河南大学学报 (社会科学版), 1983 (4).

③ 张之, 乔文泉. 曹操墓何在. 郑州大学学报 (哲学社会科学版), 1989 (2).

者），也没有人再为“疑冢”之说翻案。“疑冢”为传说，这在学者中已然形成共识，或者说已经成为常识。俞绍初似乎并没有注意到20世纪80年代的相关研究，或者是有意忽略。此说属于最早公开发表的质疑观点之一，其后在学术平台上并未有任何应和之声。

2.2 非曹操墓，证据伪造

公开以学术论文方式指认曹操墓证据为伪造的学者有李路平、黄震云、钱玉趾、刘斐。书画领域人士李路平先后发表两篇文章。一篇从汉代典章制度、印纽级别、印章材料和工艺技术、宗教、民俗、图像风格等各种要素综合考察认为曹操墓所出印章为伪造的“铺首衔环”肖形印[①]。另一篇从历史背景、文字内容、字法特征、书法特征等方面综合考察，认为鲁潜墓志为伪造[②]。这两篇文章虽然都引经据典，看似有理有据，但是完全经不住推敲。他在关于印章的文章中提出“考古队只要公布此印规格如边长、通高、重量，必鉴别出作伪年代”，2016年出版的考古发掘报告《曹操高陵》第191页详细公布了他所需要的数据，但是并未见他“鉴别出作伪年代”。而质疑鲁潜墓志的一个重要理由是——后赵胡人统治下，北方贵族南迁，安阳没有也不可能有墓志出现，因此出现此时期的墓志必为假。李路平最令人惊愕的观点是，通过“武”字形态分析，认为曹操墓出土刻铭石牌与鲁潜墓志等均为一人作伪，目的是为曹操墓埋下伏笔。鲁潜墓志信息最早公开是在1998年，而曹操墓的考古发现公布于2009年，也就是说这是一个前后持续了十余年的“计划”，早在十余年前就有人为曹操墓埋下伏笔，这显然属于臆想而不是科学研究的范畴。

黄震云质疑造假的依据一是2008年《故宫文物月刊》和

① 李路平. 曹操墓“神秘印符”证伪. 书法, 2011 (9).

② 李路平.《鲁潜墓志》河南伪造. 书画世界, 2010 (141).

《报林》上发表文章中关于“武王”刻铭石牌的内容和考古发现石牌内容的前后矛盾；二是遣册性质石牌上所载物品的“违背常理”；三是画像石为“电锯锉的，不是手刻”；四是考古队对追缴回来的大块画像石内容的解释前后矛盾，从“水陆攻战”改为“七女复仇”，实际上是模仿山东莒县和嘉祥县的“垓下之战”画像石[①]。作者虽然没有直接质疑曹操墓的考古结论，但是直接质疑刻铭石牌和画像石为伪造，其用意与李路平相似。

① 黄震云. 关于安阳西高穴“曹操墓”石刻的名物名称. 殷都学刊, 2011 (1).

钱玉趾先后发表两篇文章，第一篇文章的基调是仅凭这些证据（新闻发布会公布的六大证据）还不能“基本认定（西高穴大墓的墓主为曹操）”[②]。其理由如下：①曹操应该是“不得见”的秘密安葬，因此不可能被轻易找到；②西高穴大墓与秦始皇陵相比规格太小，因此不是帝王规格；③石圭石璧与帝王用圭不符，说明墓葬不是帝王规格；④兵器铭文不在器身而在石牌，不符合传统；⑤多次被盗，石牌有造假嫌疑；⑥文献中曹操没有挌虎或者打猎记载，因此石牌内容与曹操身份不符；⑦西高穴大墓出土珠玉器物与曹操“无藏金玉珍宝”的遗令要求不符；⑧年长女性骨骼鉴定年龄与祔葬高陵的卞后去世年龄不符。作者的表态是还不能“基本认定”，但是实际上已经全面否定了考古论证结果。这些用于否定的证据都比较零散，如果说关于出土珠玉器物、卞后年龄身份等问题的观点尚属于学术讨论的态度，其余几条理由则颇有强词夺理之嫌。尤其是将曹操墓规格与秦始皇陵相比，则是缺乏基本的考古和历史常识——两个人物所处的历史环境、丧葬习俗及各自社会地位的差异都决定了这种“拉郎配”式的对比是毫无意义的。

② 钱玉趾. 认定“曹操墓”证据的辨析. 文史杂志, 2010 (3).

钱玉趾在2012年发文指出“魏武王常所用”石牌是假牌[③]。理由是：①曹操下葬时没有“魏武王”的称谓；②挌虎一词没有文献记载，“挌虎大戟”等石牌，可能是不大精通文字应用

③ 钱玉趾.“魏武王常所用”石牌应是假牌——兼论西高穴墓定为曹操墓证据不足. 文史杂志, 2012 (1).

历史的造假者制作出来的；③“常所用”既违史实且无先例；④“慰项石”刻字水平低劣，且之前无任何出土先例，必为造假；⑤圭形石牌的字形、排列和形制等问题太大，肯定为造假。其质疑的一个基本逻辑是——凡是没有见于文献记载的、之前没有考古发现的，必然为假。而考古学对于历史的重要贡献之一就是发现前所未见的新材料，从而补充历史记载的缺环，甚至纠正某些文献记载的谬误——这已经成为学术常识，相关案例不胜枚举，因此钱氏这一逻辑完全没有立足之地。

而刘斐也认为在东汉末之前的传世文献中尚未发现“常所用”单独连用的语例，故此石牌应非东汉末之物[①]，言外之意即“常所用”石牌为伪造。这一逻辑与前述钱玉趾的逻辑完全一致。

① 刘斐. 曹操墓石牌中“常所用”商榷. 天中学刊, 2012 (1).

上述四位学者指认为伪造的分别是墓志、印章、画像石及石牌这些比较特殊的对象，或者更加准确地说是有文字或者图像信息的特殊文物。而这些遗物在整个考古材料（鲁潜墓志和追缴的画像石除外）系统中只占极少一部分，并且在论证墓主身份的证据体系中也只属于一小部分。他们在声称这些材料是伪造的同时，完全忽略了其他考古信息如墓葬位置、规格、时代特征、发掘过程等，同时也完全忽略了其他学者对于相关疑问（如魏武王称谓、石牌名物特征、书法特征等）的解释。并且在质疑作伪之后，并没有给出自己的相关见解，比如这座墓葬究竟是何年代、墓主可能是谁等，属于典型的有破无立。很显然，质疑者自己并没有了解全面的考古信息，并且没有形成自己的成熟见解。

稍加对比可以发现，上述每个人的质疑角度都存在差别，以刻铭石牌为例——李路平认为字体不对；黄震云认为两篇文章中前后出现的文字内容有差别；钱玉趾认为兵器铭文不该出现在石牌上，而应该在兵器上，并且“魏武王”“常所用”“搭虎”等词没有一个符合逻辑。由此可见，这些持“造假说”的学者自己也没有形成一个统一的意见，而是各自为政，莫衷一是。他们的观点显然是单纯地为了质疑而质疑——首先认为墓主不可能是曹操，从而推出证据（而且只是部分证据）是伪造的，然后从各方面找出“作伪”的证据，甚至怀疑可能是一个持续十年之久的“造假计划”。表面看，他们是在以学术的方式讨论问题，事实上并没有学术的态度，也没有用科学的逻辑方法。在他们看来，石牌、印章等有文字或者图像的特殊文物从格式到内容再到字体全部都是错误的，这种蛮横无理的逻辑是完全无法，也没有必要用学术方式去反驳的。

2.3 非曹操墓，可能为曹操陪葬墓

持这一观点的主要有倪方六和徐光冀二人。倪方六认为西高穴大墓的墓室不符合东汉晚期高等级墓葬的主流形制，墓室装饰过于简陋，因此规格级别上与曹操不符合。未见封土不等于不封不树，丰乐镇的西门豹祠不是曹操当时所指西门豹祠，因此这两个不能作为证据。魏武王的称谓与曹操不是唯一对应，因此石牌也不能作为证据。墓中年长女性骨骼鉴定年龄与祔葬的卞后年龄不符，出土珠玉等器物与薄葬的要求矛盾。另外，他还引用别人的观点认为文物有很多可能造假的迹象。因此他认为墓主的身份很可能是夏侯惇之类的近臣或者曹操家族人士[①]，即该墓葬可能为曹操的陪葬墓。

徐光冀先后在两篇文章中表达相似的观点，即西高穴大墓的规格与曹休墓相似；墓主自己随葬的东西没有必要刻上自己名号；1号墓葬为空墓，且2号墓中年长女性年龄与祔葬的卞后年龄不符；鲁潜墓志出土地不明，西门豹祠类似遗迹很

① 倪方六. 三国大墓. 南京：江苏人民出版社, 2010.

多，皆不能作为论证曹操墓的证据。但是因为墓葬既有东汉晚期特征，也有魏晋特征，加上“魏武王”这样的称谓，所以肯定与曹操有关。他认为该墓葬很可能是曹操的陪葬墓之一[①]。

① 徐光冀.“曹操高陵”的几个问题——《河南安阳市西高穴曹操高陵》读后 // 中国考古学会. 中国考古学会第十四次年会论文集2011. 北京: 文物出版社, 2012: 395-402.

上述两人的观点有相似之处，都肯定了墓葬的年代是和曹操所处年代相当，并且必然与曹操有密切关系，只是规格达不到曹操应有的级别。并且都对西门豹祠的参考价值提出疑问，都指出卞后的问题。相对于前面两种明显极端的观点，这一类属于比较理性的专业学术探讨。他们认为是陪葬墓的依据主要包括墓葬的规格不到帝王级别、合葬情况与记载的卞后祔葬情况不符、珠玉器物与薄葬要求不符、“魏武王”称谓不应该出现在曹操墓中、西门豹祠与鲁潜墓志均没有经过科学考古发掘因而不足为据等。下面将不同学者对这些观点的反驳进行逐一列举。

关于墓葬规格级别问题，刘庆柱将西高穴2号墓与东汉晚期诸侯王墓和魏晋时期高等级墓葬进行了对比，指出它们形制、规模相近[②]。严辉对西高穴2号墓和不存在争议的洛阳曹休墓进行了详细比较，指出“此系统的墓葬在东汉墓葬序列中等级并不是很高，但是随后不久的时代里它逐渐代替横室拱券顶墓，成为帝陵和诸侯王墓的最主要类型”[③]。韩国河也指出西高穴2号墓的规模小于东汉帝陵（不含祔葬性质的帝陵如冲帝怀陵、殇帝康陵），等同于东汉的诸侯王陵，大于侯或两千石级别的墓葬，同时随葬品中掺杂了帝制因素[④]。

② 刘庆柱. 曹操高陵的考古发现与研究. 中原文物, 2010 (4).

③ 严辉. 曹操墓和曹休墓的比较与研究. 中国文物报, 2010-9-17 (5).

④ 韩国河. 安阳西高穴曹操高陵的“多面性”解析. 光明日报, 2014-6-18 (14).

徐光冀也承认该墓葬既有东汉晚期特征，也呈现出魏晋时期特征。因此在这样一个转型时期，判断墓葬的特征就不能单纯依据之前的材料。如严辉所总结，“西高穴M2是东汉、北朝大墓之间的一个过渡类型”，因此肯定会呈现出新的特征。韩国河也指出，曹操高陵丧葬礼制特征既反映了是汉文化之延续，但同时又预示了魏晋时期新文化的来临，与其所处时代吻合。因此仅以东汉晚期的贵族墓葬形制规模来衡量处于丧葬礼制转型时期的西高穴2号墓，显然是不科学的——这也是质疑墓葬规格的学者所忽略之处。2016年洛阳西朱村曹魏大墓考古成果进一步证实了此前学者关于西高穴2号墓年代和规格特征的判断是科学的。随后考古揭露的陵园和陪葬墓等现场更加表明其规格要高于同时期一般诸侯王墓。

关于珠玉器物与薄葬问题，刘瑞最早提出对《遗令》的理解要慎重，“不封不树”就是薄葬的重要特征，“无藏金玉珍宝”只能代表曹操本人的言辞和态度，并不能直接反映真实的丧葬活动情况①。李梅田认为曹操高陵从地面遗迹、随葬品种类和地下墓室结构等方面都体现了薄葬的特征②。与刘瑞的观点一致，韩国河也认为墓中出现的金玉器物主要是行葬或者合葬行为所致，即与曹操本人表达出的意愿无关，而整体随葬特征也充分体现了薄葬之内涵③。2014年，韩国河再次对薄葬的概念进行了阐释：“薄葬”的表现绝非曹操生前所说“敛以时服”那么简单——曹操以魏王的身份下葬，葬礼规格应该符合王一级的基本礼仪规格，不能简单地以今天“物质化”的眼光去判断当时的葬礼是厚或薄。李梅田也指出，对于曹操墓来说，无论葬礼如何简省，墓葬的规模、随葬物品种类和丧仪仍然是要符合其尊显身份④。

对上述学者意见进行简要总结：首先，“无藏金玉珍宝”只是曹操本人表达的意愿或者态度，并无任何证据表明葬礼执行者会完全照此执行，尤其当这个意愿可能与当时的环境有所不符时。行葬者不按逝者之遗愿来执行葬礼的例子在历史上并不罕见，如汉文帝霸陵之例。据《史记·孝文本纪》记载，汉文帝要求“治霸陵皆以瓦器，不得以金银铜锡为饰”，王子今指出“(文帝)墓中随葬品的等级和数量，则可能因入葬时情形之复杂，确实有与汉文帝个人意愿不尽相合的情形出现”⑤。

① 刘瑞. 曹操高陵四题. 中国社会科学报, 2010-1-19 (4).

② 李梅田. “曹操墓”是否“薄葬”?. 中国社会科学报, 2010-1-19 (4).

③ 韩国河. 有关河南安阳“曹操高陵”的几个问题. 中国文物报, 2010-2-12 (3).

④ 李梅田. 曹操墓刻铭石牌名物小考 // 中国人民大学北方民族考古研究所, 中国人民大学历史学院考古文博系. 北方民族考古 (第1辑). 北京: 科学出版社, 2014.

⑤ 王子今. 霸陵薄葬辨疑. 考古与文物, 2002 (2).

2021年底，位于西安市灞桥区的江村大墓被考古确认为霸陵，其外藏坑出土的文物也并非全是“瓦器”。其次，按照曹操当时的身份，即使完全执行他的意思实施“薄葬”，也不可能十分简陋，至少也要符合诸侯王的规格。即使“敛以时服”，贵为魏王的曹操日常所穿衣服上难免会有一些金玉装饰（墓中出土的珠玉类器物也确实都是装饰品）。最后，多位学者都认为，真正意义上的薄葬并不是体现在是否随葬金玉珍宝上，而是体现在不封不树的地面形态（没有高大封土）、随葬品的种类和墓室结构等方面。

以出土的珠玉器物来质疑“薄葬”问题，很大程度上是受了媒体的影响。一段时间内，类似“曹操墓出土价值千万翡翠”“曹操墓发现珍宝”这样的离奇报道比比皆是，使很多人误认为墓葬中必然出土了稀世珍宝，随葬必然十分奢华。事实上，所有曾经现场观摩过出土遗物的学者都能发现，所谓的“珍宝”不过是普通的小件玉器、玛瑙器和一些极小的珠饰。《曹操高陵》第222～224页介绍了出土玉石器，包括8枚玉珠（最大者直径1.6厘米，都有穿孔）、1小块残缺玉璧、1件残缺玉觿、1件残缺玉剑格、1件玛瑙饼、1枚水晶珠和1枚珍珠。大部分珠子很明显都是装饰品，玉璧、剑具和玉觿在汉代贵族墓中也属常见器物，可以认为是符合曹操身份的配置，并无奢华之处。

按照质疑者所提出的疑问，只有墓葬中完全不见任何金银玉石器方才符合“薄葬”之标准——这就是韩国河所说的以今天之“物质化”标准去衡量当时的葬礼标准。按照这种要求，则曹操下葬之时必须将冠冕袍服上所有饰物全部摘取完毕才能达到薄葬标准，而这无论是考虑到曹操当时的魏王身份，还是考虑到丧葬礼仪，都是完全不合理的。这种观点完全忽略了事件发生时的特殊历史和社会背景，仅仅以字面含义来审视考古材料并质疑考古结论，显然是过于以小见大。

“魏武王”称号不会出现在曹操本人的墓葬中，也是“陪葬墓”说的证据之一。首先，大部分学者，甚至包括部分对考古结论有异议的学者，对“魏武王”称谓与曹操之间的对应是认可的。曹定云对“魏武王”铭刻在曹操墓中的地位和作用进行了专门分析，认为铭刻中词语、字体与东汉末年时代吻合，铭刻中的称谓与曹操身份和地位吻合[①]。梁满仓对曹操墓文字证据的分析结果也认为“魏武王”称谓符合礼制和历史背景[②]。范子烨指出即使在没有其他文字材料佐证的情况下，文物上的“魏武王”刻铭也能够作为判断墓主身份为曹操的证据[③]。张朋军也对魏武王称谓的可信性进行了论证[④]。质疑者之一方北辰也认为综合各种因素判断，“魏武王”称谓只能是曹操（但他认为这种称谓不应该出现在曹操本人墓葬中）[⑤]。王冰在方氏观点基础上提出，在“武王”之前加“魏”，称国号以自表，符合曹操的身份[⑥]，因此该称谓出现在曹操墓中并无不妥。除此之外，持“陪葬墓说”的倪方六和徐光冀实际上也是认可“魏武王”与曹操之间对应关系的。大家的分歧在于这种称谓是否能够出现在曹操本人的墓葬中。

2013年，曹定云再次对“魏武王”刻铭进行讨论，认为徐光冀提出的“赏赐说”与“陪葬说”并不科学。刻铭“魏武王”石牌上记载的兵器是重要的仪仗兵器，这一礼仪待遇乃天子所赐，不可能赏赐给他人；对曹操的25个儿子和13位近臣梳理之后发现没有一人满足“陪葬者”的时空要素，“陪葬说”完全缺乏可靠依据[⑦]。

综上所述，“陪葬墓”观点建立的基础是承认墓葬的年代、承认西高穴2号墓墓主与曹操的密切关系。进而言之，即承认墓中出土器物上“魏武王”称谓与曹操的对应关系。出现质疑观点的症结在于大家对墓葬规格、“薄葬”概念和“魏武王”称谓是否能够出现在曹操本人墓葬中的不同理解。

① 曹定云. 论“魏武王”铭刻在曹操墓中的地位和作用——曹操墓真伪问题讨论随想. 中国社会科学报, 2010-8-19 (7).

② 梁满仓. 论曹操墓文字证据的真实性——兼评学术讨论中的学风问题. 河南社会科学, 2011 (1).

③ 范子烨. “魏武王”: 曹操高陵的铁证. 光明日报, 2010-8-30 (5).

④ 张朋军. 由“魏武王”探西高穴大墓. 殷都学刊, 2011 (3).

⑤ 方北辰. 曹操墓应为曹宇、曹奂父子王原陵. 成都大学学报 (社会科学版), 2010 (6).

⑥ 王冰. “称国号以自表”与曹操身份相符. 中国文物报, 2010-9-10 (3).

⑦ 曹定云. 再论“魏武王”铭刻是曹操墓的铁证. 中国社会科学报, 2013-7-15 (B1).

从不同学者的观点中可以看出，对墓葬规格认识产生分歧的原因是该墓葬处于丧葬礼制的转型时期——既有东汉晚期的特征，又呈现出一些魏晋时期的新特点。因此单纯以东汉晚期的标准去衡量就难免失之偏颇，只有长程观察汉魏时期乃至更晚时期的帝王陵墓和贵族墓葬特征才能对西高穴墓葬的规格特征有全面准确的认识。而对于“薄葬”概念产生分歧的原因首先在于质疑者将《遗令》中曹操所表达的态度和意愿与后来曹操葬礼执行者（即韩国河所说的行葬者）的行为完全等同，其次是忽略当时的历史背景和曹操的身份地位，将“薄葬”与“无藏金玉珍宝”无条件等同。至于“魏武王”称谓是否能够出现在曹操本人墓葬中的分歧，部分是出于学者对礼制的不同认识，部分则完全是基于“墓主本人随葬的东西没必要刻上自己的名号”这样的简单逻辑。而曹操高陵陪葬墓的发现和确认，则进一步肯定了西高穴M2的规格和地位，使得“陪葬墓”之说不攻自破。

鲁潜墓志与西门豹祠到目前为止确实没有科学的考古证据，这是客观存在的事实，因此相关质疑的存在属于正常现象。在没有新的材料出现之前，亦无必要去反驳。但是这两例均属于考古结论的旁证，与墓葬本身没有直接关系，即使排除它们，也不影响西高穴墓主身份的最终判定。因为这个结论是建立在一系列证据组合的基础上，尤其是和墓葬本身直接相关的出土证据群。另外需要注意的是，多位质疑者提出的西高穴2号墓中女性人骨鉴定年龄与卞后去世年龄不符的问题一直没有得到解答。关于这个问题本书将在第六章专门进行讨论。

2.4 非曹操墓，墓主可能为曹奂或者石虎

虽然质疑者在各类媒体上提出的西高穴大墓墓主候选人

有常林、冉闵、姚襄、石虎、曹奂、夏侯惇，甚至于禁等多个选项，但是真正以学术的方式公开表达出来的只有石虎和曹奂这两种观点。墓主可能是夏侯惇的观点实际上和该墓是曹操陪葬墓的看法相近，提出者并没有明确表示就是夏侯惇，而是被媒体解读而成。有多家网络媒体报道称，钱玉趾提出西高穴大墓墓主可能是曹操的大臣常林，但是钱氏在前后两篇公开发表的文章中都未提及此事，因此其具体来源也不可考。至于冉闵、姚襄、于禁等说法，甚至连质疑者代表之一倪方六都指出这些说法非常离谱，犯了常识性错误，很容易就能驳倒。

公开提出墓主可能是后赵石虎的观点发表于2010年的《汕头大学学报（人文社会科学版）》，作者的依据是后赵石虎既有魏武王称号，又爱好打猎，且有造“格虎车”的记载[①]。文章之前的“编者按”指出“(此文章)资料新颖确实，言之成理，持之有据”，事实上反映了编辑对考古历史领域的完全陌生。在完全忽略墓葬形制结构及随葬品等反映的时代特征之前提下，仅凭文字的机械对应来对一个考古问题做出判断，属于方北辰批评的“抽出部分文字另行拼合的反常做法”[②]。作者在文章后面还指出七十二疑冢说能够成立，不可轻易否定。这再次说明作者缺乏最基本的历史和考古专业常识。考虑到作者并非专业的历史或者考古学者，出现这种情况不算意外。但是，正如此文前面“编者按”所说，作者确实“谨循科学道德和辩论道德”。相比那些虽然是相关专业人士，但是只能在各类媒体上夸夸其谈且始终不见一篇学术讨论文章的人，该文作者的态度相对而言是值得肯定的。

方北辰也先后发表两篇文章对考古结论提出商榷。第一篇文章从丧葬礼制的角度提出商榷：根据汉魏时期丧葬礼制，君主的随葬品中如果要书写其谥号加以说明，只写谥号和身份，而绝不能再加其国号以及姓氏。曹操在丧葬礼仪制度上

① 杨光. 安阳大墓主人应是后赵石虎. 汕头大学学报 (人文社会科学版), 2010 (6).

② 方北辰. 曹操墓认定的礼制性误判. 成都大学学报 (社会科学版), 2010 (6).

享有天子的规格，因此他的随葬品上就只能出现“武王”，而绝对不能再加上“魏”字的国号。另外陵园中并排两座墓葬，并且1号墓在2号墓的左侧。按照当时礼制，左为尊位，说明1号墓中的墓主身份要高于2号墓墓主（即考古结论认定的曹操），这显然不符合礼制，也是矛盾之处[①]。第二篇文章则进一步指出西高穴2号墓墓主为曹宇，1号墓墓主为曹奂，这个陵园不是曹操高陵，而是曹宇曹奂父子的王原陵[②]。

① 方北辰. 曹操墓认定的礼制性误判. 成都大学学报(社会科学版), 2010 (6).

② 方北辰. 曹操墓应为曹宇、曹奂父子王原陵. 成都大学学报(社会科学版), 2010 (6).

方氏虽然对曹操的身份认定持质疑观点，但是在前后两篇文章中都有十分科学客观的认识。他分别驳斥了夏侯惇、冉闵、姚襄之说；对于复旦大学历史专家认为曹操之父曹腾必然是其祖父曹嵩从本族过继的说法（为后续DNA研究做铺垫）也予以反驳；同时对于“常所用”“挌虎”“慰项石”等词语进行解读，认为石刻文字所反映的文化信息丰富且时代特征明显，绝非现代文物作伪造假者可以凭想象造出，以此对造假说予以批驳。

张国安根据以下几个理由反对墓主是曹操的论断：①都城与陵区方位不合传统；②西高穴墓葬与东汉晚期高等级墓葬主流（三室墓）不符合；③ 2号墓中没有卞后，1号墓也不可能是卞后（规格太小、方位不合礼仪）；④防盗措施简陋；⑤画像石年代（文字榜题）晚于黄初三年乃至曹丕死后；⑥文献记载的金玺和石室不见；⑦陪葬墓群不见[③]。但是他肯定该墓葬的年代属于魏晋时期，并且与曹操有密切关系，推测可能是曹奂。作者在书中第123页有一句“能找到一批墓葬（陪葬墓）也能说明问题”。

③ 张国安. 颠覆曹操墓. 北京: 东方出版社, 2010.

尽管有很多推测是发表在网络媒体上，还是有多位学者进行了逐一反驳。袁祖亮驳斥了墓主姚襄或常林的观点[④]；张朋军否定了墓主是姚襄或冉闵的观点[⑤]；姚草鲜分别指出墓主是曹奂、冉闵、姚襄、常林或夏侯惇的不合理之处[⑥]。贾秀梅

④ 袁祖亮. 高陵揭秘(上)(中)(下). 读书, 2010, (9) (10) (11).

⑤ 张朋军. 由“魏武王”探西高穴大墓. 殷都学刊, 2011 (3).

⑥ 姚草鲜. 河南安阳西高穴大墓墓主研究述评. 中国古典文献学丛刊(第九卷), 2014.

专门针对张国安提出的墓主是曹奂的观点进行了反驳[①]。质疑者代表之一倪方六也认为墓主是冉闵、姚襄或者于禁的说法非常离谱，犯了常识性错误[②]；另一名质疑者方北辰也分别对墓主是夏侯惇、冉闵、姚襄或者石虎的观点进行了否定[③]。

除了后赵石虎的观点完全脱离历史考古研究的范畴，属于抽出部分文字另行拼合的反常做法之外，方北辰和张国安关于墓主的推测都是建立在当时公布的材料基础之上——认可墓葬的年代，认可墓主与曹操的密切关系，但都认为目前公布的材料不能支持墓主是曹操的判断，并提出各自对墓主身份的推测。

方北辰提出曹宇说的依据，除了“魏武王”称谓的礼制问题之外，还有一个就是2010年6月12日央视直播考古现场时提供的陵园平面图——该图显示陵园中在2号墓北侧（左侧）还有一座墓葬（1号墓）。他认为这种布局说明1号墓中的墓主身份要高于2号墓墓主（即考古结论认定的曹操），这显然不符合礼制。在此基础上综合其他因素，他认为2号墓墓主可能为曹宇，1号墓墓主为曹魏末代君主曹奂[④]。同样持质疑观点的张国安则认为2号墓墓主为曹奂，其著作出版之时陵园相关信息尚未公开披露。

方北辰所依据的这个陵园布局图是早期对陵园进行勘探的结果草图，信息来源于2010年6月12日“世界遗产日”活动的媒体报道。事实上由于陵园早期勘探结果存在诸多疑问，相关资料一直未正式发表，2016年出版的陵墓考古报告用图也是此前并未发表的草图。2018年正式发表的陵园发掘结果与这一草图展示的情况存在明显差异，证实了1号墓的年代早于陵园整体，与陵园布局没有关系；同时2号墓实际位置在陵园正中，其重要地位不言而喻[⑤]。因此，建立在早期并不准确的陵园布局信息基础上的墓主推测，即2号墓墓主是曹宇的说

① 贾秀梅. 论西高穴墓非曹奂墓之原因. 殷都学刊, 2011 (3).

② 倪方六. 三国大墓. 南京: 江苏人民出版社, 2010.

③ 方北辰. 曹操墓应为曹宇、曹奂父子王原陵. 成都大学学报 (社会科学版), 2010 (6).

④ 方北辰. 曹操墓应为曹宇、曹奂父子王原陵. 成都大学学报 (社会科学版), 2010 (6).

⑤ 河南省文物考古研究院, 安阳市文物考古研究所, 曹操高陵管理委员会. 安阳高陵陵园遗址2016—2017年度考古发掘简报. 华夏考古, 2018 (1).

法也就不能成立了。而在该墓葬年代特征（东汉末到曹魏初年之前）和规格（高于一般诸侯王，有陵园和陪葬墓）的基础上，张国安提出的曹奂说也就不值得再次讨论。

张国安还有一个观点产生了较大的社会影响，他认为“夏侯惇是铁定陪陵的，应该没有争议”[①]，这实际上只是作者一厢情愿的揣测。所有认为高陵陪葬者中必有夏侯惇的观点，依据都是夏侯惇与曹操的亲密关系以及夏侯惇在曹操诸臣中的特殊礼遇（如《三国志·魏书·夏侯惇传》所记载，与曹操同车、自由进入曹操卧室等）。其根本逻辑是，曹操如此信任和重用的人死后必然也当陪伴他。所有提出此说者都忽略的一点是，史书上对于夏侯惇葬于何处并无明确记载，尤其是对于其是否陪葬高陵并无任何文字提及。清代及民国文献中对夏侯惇墓有四个不同的记载，分别为山西临汾、河南开封、河南许昌和陕西西安一带，并无一处与邺城或者安阳有关[②]。说明自东汉末以来直到清代，或者进一步到曹操高陵考古发现公布之前，无论是正史还是民间传说，均没有夏侯惇陪葬高陵的事。夏侯惇陪葬高陵之说是在曹操高陵考古发现公布之后突然出现，看似言之凿凿，却根本没有任何证据，哪怕是相关的民间传说。

① 张国安. 颠覆曹操墓. 北京: 东方出版社, 2010: 124.

② 王璐艳. 对于西高穴墓为夏侯惇墓的几点质疑. 殷都学刊, 2011 (3).

2.5 断定墓主为曹操的证据不足

袁济喜一度被认为是质疑派的代表人物之一。但是仔细分析其公开发表的学术文章可以看出，他并不是否认曹操墓的结论，而是认为要完全支持这个结论，还有很多可能性要排除，还需要解答很多疑问。换言之，虽然西高穴大墓墓主身份为曹操的考古结论已经做出，但并不意味着所有相关问题都已经解决。例如，他认为“常所用”物品可能为赏赐物，这种可能性不能排除；除卞后之外，合葬高陵的是否还有其他人，葬在何处；随葬金玺可能被盗，石室是否有痕迹可寻；以“薄葬”概念为依据去下肯定或否定之论断都存在风险。最后他认为不能断然否定其他的可能性，比如“常所用”物品为赏赐物，墓主可能为曹操的大臣或者家族内人士等。这些观点实际上对后续深入研究有很大的指导和启发作用，遗憾的是媒体将提出者都渲染成质疑派，他们提出的建议和意见也被学术界所忽略。

袁济喜提出的问题之一是“赏赐说”的可能性，徐光冀等也有相似的问题。曹定云通过梳理可能陪葬者的名单并逐个排除，指出这两种说法（实际上是一种）不科学[①]。但是解决这一疑问最有力的证据应当是找出陪葬墓，证实西高穴2号墓的地位，这一工作现在已经完成，第二章陵园和陪葬墓的考古材料就是对相关问题的解答。

其二是高陵合葬者身份，或者说是陪葬墓的问题，当然也包括卞后的问题。因为除了1、2号墓葬之外很长时间没有新的考古信息出现，专家只能给出各种推测，不同专家的认识也存在明显差别，因此这些问题实际上在当时并没有解决。新的考古材料已经解决了陪葬墓的问题，卞后的相关问题也有了新的线索，这一问题将在第六章专门介绍。

其三是存放金玺的石室是否有线索，或者说陵墓附近是否埋有其他彰显曹操“魏武帝”身份的器物——此问题实际上也关系到陵园地面建筑问题。从2016年出版的发掘报告可以看出，前期的考古工作集中在1号和2号两座墓葬，除墓道两侧和前端小部分区域进行过考古发掘之外，其余大部分区域并未开展工作。陵园的全面发掘证实了地面建筑的存在，这也是彰显“魏武帝”身份的材料之一。至于具体的器物，比如文献记载的金玺或者石室，目前尚未发现，但这并不影响考古结论。

① 曹定云. 再论“魏武王”铭刻是曹操墓的铁证. 中国社会科学报, 2013-7-15 (B1).

3. 曹操高陵相关争议的思考

通过对各种质疑观点的梳理，本章将它们分成五个类别并分别进行了分析。“疑冢”说完全忽略了自20世纪80年代以来对“七十二疑冢”源流的研究成果，无视考古证据已经否定“疑冢”的事实，带有哗众取宠的色彩。虽然迎合了部分公众和媒体的心理，在网络媒体上一度成为热点，但是在学术讨论的语境下属于最微弱的声音。

持“作伪说”观点的学者对西高穴墓葬这一考古对象并没有全面的认识和成熟的见解，忽略了（或者说是不懂）大量客观存在的考古背景信息。仅关注自己所熟悉的某一个特殊领域（主要是文字或者画像类材料），因研究对象与自己的主观判断不符合，遂下“作伪”之结论，更有甚者捏造出长达十年之久的“作伪”阴谋。上文中对几个持“作伪说”学者的论据进行了仔细分析，几人之间的论据根本难以统一，甚至自相矛盾之处比比皆是。因此可以肯定地认为这些“观点”带有明显的个人感情色彩，单纯是为了质疑而作。虽然是用了学术讨论的方式，但是根本不具备学术讨论的科学和严谨态度。从某种程度上讲，这一观点的提出很可能也是为了迎合某些媒体平台和公众的猎奇心理，或者是有宣泄情绪之嫌。

“陪葬墓说”属于质疑观点中最具备学术态度和考古专业水平的一类。相关学者提出的关于墓葬规格、“魏武王”称谓和“薄葬”相关方面的疑问均属于正常的学术讨论，大家讨论的方式也都具备科学性和严谨性，出现分歧是由于各人的学术见解差异。多位专家学者也分别就相关问题进行了解答。随着高陵西部陪葬墓群的发现和确认，这一观点也就不攻自破。

“石虎、曹奂或者曹宇说”中，“石虎说”不具备任何学术讨论的基础，属于离奇之作；“曹奂、曹宇说”都忽略了墓葬本身所反映的特殊时代和文化背景，已经分别被多位学者所辩驳。尤其“曹宇说”是建立在不准确的陵园布局信息上，随着陵园布局结构的揭露，其论证的基础就不存在了。

“证据不足说”并非为了否定考古结论，而是提出了应当解决但是尚未得到解决的相关考古问题。这些问题实际上为下一步考古工作提供了重要指导，在后来的考古工作中也确实得到了逐步解答。

随着相关研究的深入，2014年之后已经不再有公开商榷曹操高陵考古结论的文章，说明墓主身份问题至少在学术界已经不再是需要讨论的问题。但是这并不意味着前面列举的质疑者所提出的问题都已经完全解决。即使是支持曹操高陵考古结论的学者，也提出了许多待解决的疑问。例如在2010年，牛润珍提出陪葬墓和卞后墓葬位置问题需要解决[①]；韩国河提出要对勘探出来的陵园建筑和小型陪葬墓进行重点考察[②]；刘瑞提出画像石可能与墓葬本身并无多大关系[③]；2014年姚草鲜提出的陪葬墓、卞后合葬和曹冲迁葬问题、与曹休墓规格对比问题、画像石年代和内容等问题仍需要解答[④]。

持质疑观点的学者如徐光冀、张国安、倪方六、黄震云等所提出的疑问中也包括陪葬墓、画像石和卞后的问题。他们的大部分质疑依据已经被其他学者在不同文章中澄清或者反驳，但是这几个问题在此前一直未有解答。这些问题的存在虽然并不能否定前期考古工作成果，不能否定西高穴2号墓墓主身份的判定结果，但是显然对于后续相关研究的进一步拓展和深入造成了一定影响。这可能也是在报告和陵园简报发表之后新研究很难出现的原因之一。

关于曹操高陵考古发现引起争议的原因，白云翔在2010

① 牛润珍. 曹操高陵疑信辨. 光明日报, 2010-1-26 (12).

② 韩国河. 动态解析曹操高陵. 中国社会科学报, 2010-9-7 (18).

③ 刘瑞. 曹操高陵四题. 中国社会科学报, 2010-1-19 (4).

④ 姚草鲜. 河南安阳西高穴大墓墓主研究述评. 中国古典文献学丛刊 (第九卷), 2014.

年1月总结为考古科普不够、对新见现象的正常疑问、被盗多次导致墓葬信息不完整、考古工作尚未完全结束等几个方面[①]。其中“考古工作尚未完全结束”这个原因值得深思。

① 白云翔. 安阳西高穴大墓是否为曹操高陵之争的考古学思考. 光明日报, 2010-1-26(12).

2009年曹操高陵考古发现公布之时，陵墓本身（M2）以及北侧另一座墓葬（M1）的考古发掘工作并未结束，陵园和陪葬墓相关考古工作完全没有开展。尽管此前考古发掘材料已经足以论证墓主身份为曹操，但是诸如前面列出的牛润珍、韩国河等学者提出的陪葬墓、陵园建筑等问题在此时并无任何线索，也未开展任何工作，因此无法解答相关疑问。而有关学者则围绕这些问题提出了质疑观点，考古学者也无法及时给出回应，一度十分被动。2010年6月举行的直播考古现场活动中，媒体所公布的陵园布局信息也只是不准确的初步勘探线索，先后有多位学者根据这些信息开展研究，得出了不正确的结论，导致质疑声音进一步扩大。考古工作简报于2010年8月发布，报告于2016年出版，陵园考古材料在2018年才正式公布，而陪葬墓材料在本书中才正式公布。根据第二章介绍的陵园和陪葬墓考古工作过程，2010～2012年，陵园只进行了勘探和部分发掘，陪葬墓M4完成发掘但未公布材料，随后相关工作暂停，直到2016年为配合保护展示工程建设才全面开展陵园考古工作。因此，“考古工作尚未完全结束”并不只包括陵墓本身的发掘工作，也包括陵园及陪葬墓相关工作未能及时完成。结合本章对质疑观点的综合分析可以看出，相关考古工作的不连续或者滞后、考古资料公布的不完整显然也是引起争议的重要原因之一，这也是值得同行吸取的教训。

除此之外还有一个原因值得注意，即对于间接材料的过度强调，包括缺乏原始考古信息的鲁潜墓志、未开展考古工作的西门豹祠遗址、追缴的“七女复仇”画像石等。这三个材料在考古发现的发布会以及其后多篇论证和支持考古结论的文章中多次出现，也是被质疑者关注最多的材料。但是在实际的论证中，墓葬形制特点和出土器物指明年代、墓葬规格对比指向墓主地位、出土刻铭石牌指明身份，这些一手考古材料组成的证据群就足以得出墓主身份为曹操的结论。诸如鲁潜墓志之类的间接材料只能作为辅证，即使排除这些材料，也不会影响考古结论的得出。过度强调这些材料对于考古结论的重要性，将其纳入论证体系中，反而引起诸多争议。

在第三章对曹操高陵研究历史的评述中已经提到，围绕曹操高陵开展的大部分研究是“被动”地回应各种质疑声音，回答各界的疑问。从这个角度讲，质疑声音的出现并非坏事，除了有恶意质疑之嫌的观点之外，其余各种质疑的声音和观点很大程度上推动了考古信息的公开和相关研究的拓展深化，同时也引起我们对自身考古工作的反思和检查。因此，对于这些质疑学者和他们的观点，不能避之不谈，而是要坦然理性地面对。这也是本书专辟一章讨论这些观点的原因。

第五章 高陵相关画像石新论

1. 高陵相关画像石研究综述

在2009年底曹操高陵考古发现新闻发布会之后，学者开始对高陵相关画像石，尤其是发布会披露的接近完整的“七女复仇”画像石展开相关研究。主要研究方向集中在画像石的工艺风格、内容释读、用途等方面。

韩国河认为该墓出土的画像石风格明显不同于南阳和许昌出土的，其所使用的减地线刻技法与东汉中晚期山东画像石具有相似之处[①]。郑志刚指出断成三截的画像石（即“七女复仇”画像石，作者并未提出此名称，可能存在不同看法）与山东嘉祥武梁祠画像石风格相近[②]。徐龙国指出西高穴所见“七女复仇”画像石内容与以往在山东、内蒙古等地所见大体相同，略有细微差异[③]。杨爱国认为碎块画像石风格和整块画像石体现出的风格一致，都应该来自山东；罗二虎也认为可能有来自山东的工匠参与了画像石的凿刻[④]。朱浒认为曹操墓画像石的内容和技法与山东嘉祥武梁祠接近，蕴含的文化属性以儒家为主体，兼有墨家、谶纬、原始佛道等多种文化因素[⑤]。鹏宇对发掘报告中公布的部分画像石残块内容作了补释[⑥]。朱浒主要对报告中无榜题的故事进行考证，并将报告中的“罗敷采桑”修正为“鲁秋洁妇”。郑志刚对“七女复仇”画像石和其

① 韩国河. 有关河南安阳“曹操高陵”的几个问题. 中国文物报, 2010-2-12 (3).

② 郑志刚. 曹操高陵出土书画遗迹初论. 书画世界, 2010 (138).

③ 徐龙国. 曹操高陵出土的“七女为父报仇画像石”内容解析. 中国文物报, 2010-7-23 (6).

④ 加强基础研究, 回归学术探讨——曹操高陵考古发现专家座谈会发言摘要. 中国文物报, 2010-10-1 (6-7).

⑤ 朱浒. 曹操墓画像石之“金日磾”“贞夫韩朋”“鲁秋洁妇”故事考. 中国美术研究, 2018 (4).

⑥ 鹏宇. 曹操高陵画像石残块内容及残文补释. 出土文献, 2018 (1).

他画面或者榜题较清晰的碎片画像内容作了解读[①]。唐际根等也对“七女复仇”画像石的内容进行了详细对比分析，解读其中蕴含的文化和历史信息[②]。另外，还有学者运用科技手段对曹操墓出土画像石进行工艺分析，属于科技考古范畴，不涉及画像石本身的文化特征[③]。

从上述观点综述可以看出，相关学者在关于画像石艺术风格方面的认识是一致的，即与山东风格有一定联系。但是大家对于画像石的用途或者来源，尤其是这块较为完整的“七女复仇”画像石，存在较大分歧。

刘瑞最早指出由于画像石残块多出自盗洞周围，且出土地点“距地表深5m处”乃砖厂取土后的地表，说明画像石残块可能与墓葬本身并无多大关系，“不排除其为原高陵陵园建筑破坏后所遗”[④]。焦南峰认为部分画像石可能是石门[⑤]。徐龙国认为西高穴东汉墓即曹操墓并不属于严格意义上的画像石墓，根据其他学者介绍的信息（撰写此文时作者并未去过现场），他认为墓中发现的画像石碎块有部分可能属于石椁，也有部分可能属于石插屏[⑥]。他同时指出，那块追缴的“七女复仇”画像石，因无详细出土位置，不能确定其到底属于地上祠堂还是地下墓室。郑同修认为这块较为完整的画像石与铺地石的形状和厚度相近，可能是铺地石；杨爱国在此基础上进一步指出如果可以确认是铺地石，则说明是二次利用其他地方的画像石，与墓葬本身无关[⑦]。郑志刚指出发掘者关于“七女复仇”画像石获得途径的说法前后矛盾，并梳理了不同学者关于画像石用途的看法，但是未进一步阐述自己的意见。唐际根等认为“七女复仇”画像石的年代属于东汉晚期，但是比曹操去世时间要早，可能是被拆卸并二次利用的某处祠堂画像石[⑧]。

① 郑志刚. 曹操高陵画像石鳅论. 大连大学学报, 2018 (5).

② 唐际根, 钟雯. 曹操墓出土《七女复仇》画像石解读. 美成在久, 2020 (4).

③ Gu Z, Pan W B, Song G D, et al. Investigating the tool marks of stone reliefs from the Mausoleum of Cao Cao (AD155–AD220) in China. Journal of Archaeological Science, 2014, 43: 31-37.

④ 刘瑞. 曹操高陵四题. 中国社会科学报, 2010-1-19.

⑤ 焦南峰. 安阳西高穴墓地应是曹操高陵. 中国文物报, 2010-1-13 (3).

⑥ 徐龙国. 曹操墓画像石解析及一号墓主推测. 殷都学刊, 2011 (1).

⑦ 加强基础研究, 回归学术探讨——曹操高陵考古发现专家座谈会发言摘要. 中国文物报, 2010-10-1 (6-7).

⑧ 唐际根, 钟雯. 曹操墓出土《七女复仇》画像石解读. 美成在久, 2020 (4).

除此之外，质疑考古结论的张国安认可画像石的内容是“七女复仇”，也是汉代典型题材。但是他提出画像石中的“首阳山”只有可能是曹丕葬地首阳陵所在，与历史上伯夷叔齐饿死首阳山的故事无关；同时榜题中出现的“侍郎”官职最早在曹丕黄初三年才设立，这与曹操去世年代相矛盾[①]。姚草鲜也认为画像石上出现的“侍郎”这一官职的年代与曹操去世年代存在矛盾[②]，需要进一步解释。

① 张国安. 颠覆曹操墓. 北京: 东方出版社, 2010: 112-117.

② 姚草鲜. 河南安阳西高穴大墓墓主研究述评. 中国古典文献学丛刊 (第九卷), 2014.

综上所述，对画像石意见出现分歧的根本在于“七女复仇”等画像石的来源或用途，即画像石是否与墓葬本身有关。而画像石与墓葬本身的关系，对于回答张国安、姚草鲜等提出的疑问具有至关重要的意义。因此下面将对这一问题进行重点分析。

根据发掘报告提供的信息，与高陵相关的画像石主要有三种来源：一是较为完整或者有部分完整画面的大块画像石，主要是那块断成三截的“七女复仇”画像石以及报告中新披露的三块，据介绍均为追缴而来；二是画像石碎片，虽然它们出土位置有明显不同（部分出土于盗洞周围“距地表深5m处”，部分出土于墓室内），但是报告并未将其分开，因此暂作为一类分析；三是墓室底部用于铺地的画像石。

铺地石仅少量被撬起或破坏，大部分还保留在原位。被撬起的个别石块背面原始图案被二次加工处理的痕迹非常清楚（报告彩版七四），说明确实有一部分画像石是来自其他地方，被二次利用。因此这些画像石与墓葬本身的年代、规格等就没有直接关系，这是没有疑问的。其年代肯定要早于曹操墓，不过除非有明确的年代榜题（目前尚未发现），否则无法做出准确判断。所以下面主要讨论追缴的大块画像石和出土碎块，不涉及铺地画像石。

2.“七女复仇”画像石背景分析

2.1 “七女复仇”画像石背景信息

与曹操高陵相关的画像石，最早见于2008年《故宫文物月刊》和《报林》先后刊发的两篇文章。两文中都提到西高穴村附近被盗古墓葬出土的一块断为三截的画像石，内容为水陆攻战，上面有“咸阳令”“主簿车”“侍郎”“侍臣”“使者”等内容[①]。

2009年安阳西高穴东汉大墓考古发现新闻发布会上介绍“该墓（即考古认定的曹操墓）还出土了大量画像石残块。这批画像石画工精细娴熟，雕刻精美，内容丰富，有‘神兽’‘七女复仇’等图案、并刻有‘主簿车’‘咸阳令’‘纪梁’‘侍郎’等文字”[②]。发布会之后，《中国文物报》所刊发的画像石照片中，有一张与2008年发表在《故宫文物月刊》和《报林》的“水陆攻战”画像石照片是相同的。

2010年1月8日《中国文物报》刊发考古项目负责人所撰写的《安阳西高穴曹操高陵发掘获重要成果》[③]。文中对画像石的介绍如下——画像石：均为残块。主要出土于盗洞①周围，距地表深5米处，少数出土于墓室内。其内容有“神兽”“七女复仇”“宋王车”“文王十子”“咬人”“喝酒人”等，并有门簪、雕龙等残块。文中所展示照片与前几处一致，亦为断成三截的画像石。

《中原文物》2010年第4期刊发《曹操高陵考古发掘主要收获》，文中对画像石的介绍与新闻发布会内容一致[④]，并且配图“曹操高陵出土画像石”与上述各文中一致。

① 潘伟斌. 曹操高陵今何在. 故宫文物月刊, 2008 (306); 潘伟斌, 裴韬. 这儿就是曹操墓. 报林, 2008 (12).

② 李韵. 西高穴大墓是曹操的陵墓. 光明日报, 2009-12-28 (5); 李政, 张俊梅. 专家考证河南安阳安丰东汉大墓为曹操高陵. 中国文物报, 2009-12-30 (1).

③ 潘伟斌. 安阳西高穴曹操高陵发掘获重要成果. 中国文物报, 2010-1-8 (5).

④ 河南省文物局. 曹操高陵考古发掘主要收获. 中原文物, 2010 (4).

《考古》2010年第8期发表的曹操高陵发掘简报中，对画像石的介绍也是“均为残块。主要出自距地表深5米处的1号盗洞周围，少数出自墓室内”，内容有“神兽”“七女复仇”“宋王车”“文王十子”“咬人”“喝酒人”等[①]。但是发掘简报中并未附照片资料。上述正式发表的资料中均指“七女复仇”画像石为出土遗物。

① 河南省文物考古研究所，安阳县文化局. 河南安阳市西高穴曹操高陵. 考古, 2010 (8).

2010年5月出版的《曹操墓真相》一书第70～74页“墓外惊现七女复仇”部分所介绍的画像石也是上述同一块，除了照片之外还配上了线绘图[②]。但是，此部分内容明确记载“文物征集和收缴取得的成果，还包括可拼接的画像石3块”，“收缴的3块可拼接的画像石材质相同，断口正好可以拼合，拼合之后图案完整”。同为2010年完成（成书于2010年，2014年印刷出版）的《话说安阳曹操高陵：发现曹操墓》第十二章（第75～79页）也记载这块画像石是追缴文物之一。这些记载明确指出这块可拼对的“七女复仇”画像石为收缴文物。

② 河南省文物考古研究所. 曹操墓真相. 北京: 科学出版社, 2010.

2016年出版的发掘报告《曹操高陵》对大部分考古材料正式详细公布，其中第三章第十五节（第231～237页）专门介绍2号墓被盗文物。该节指出被追回画像石有很多块，保存相对较好，并对部分画像石做了详细介绍。这里介绍的画像石分别为“义人赵宣行善图画像石”、“宴饮出行图画像石”、“七女复仇图画像石”和“车马出行图画像石”。“七女复仇”画像石的线图和照片（报告彩版六）与2010年及之前不同信息来源所披露的画像石一致，说明仍然是2008年首次发表的那块。此处除了明确指出该画像石是收缴文物之外，还介绍了其他三块追缴画像石，这是它们的信息首次被公布。

以上信息或者是考古项目负责人公开正式发表，或者是官方发布会公布的所有与“七女复仇”画像石相关的背景材料。画像石的内容最初被解读为“水陆攻战”，后来更改为

“七女复仇”，这应当是在专家建议之后做出的修改，属于学术认识的进步，在考古研究中属于正常现象。

但是，如郑志刚所指出，不同资料中关于此画像石来源问题在表述上存在一定分歧[①]。例如，2008年发表的两篇文章、2010年新闻发布会资料、《中原文物》刊发的资料和考古发掘简报上，都指出此画像石为西高穴被盗汉墓出土。而2010年出版的《曹操墓真相》和2016年出版的《曹操高陵》却都指出这块画像石是追缴的。综合分析关于“七女复仇”画像石的背景材料，可以判断该画像石属于追缴文物，并非考古发掘出土。2008年及2010年出现的几处“出土”说法应当是行文表达上的失误，可能会对相关学者造成一定误导，故在此首先说明。

① 郑志刚. 曹操高陵画像石帜论. 大连大学学报, 2018 (5).

2.2 “七女复仇”画像石背景分析

鉴于此“七女复仇”画像石并非考古发掘出土，且不同学者均对其用途认识方面存在分歧，本节首先对其相关背景资料进行详细梳理。在公开出版或者发表的不同材料中，关于此画像石被追缴回来的具体时间信息如下。

2008年9月刊发的《曹操高陵今何在》一文中写道“2006年，在这座被盗墓附近曾出土有数件文物……同时这里出土的一块画像石引起了人们的重视”。此处所说画像石即那块断成三截并可拼对的画像石（即后来解读为“七女复仇”的画像石）并附有照片。《曹操墓真相》第19页“2007年，他（潘伟斌）应《故宫文物月刊》写了一篇文章[②]，刊登出来居然是《曹操高陵今何在》”。据此分析，该文章应该是完成于2007年底，或者最迟2008年上半年，即《曹操高陵今何在》一文写成的最晚时间（2008年9月刊发，考虑编辑排稿及印刷时间，

② 注：此处应该是“应《故宫文物月刊》邀请写了一篇文章”，原文可能漏掉“邀请”二字。

文稿应该至少在此前数月完成）。这说明最迟在2008年上半年之前这块画像石已经被追缴回来，因此考古人员才有可能得到照片并发表。但是这一信息与其后多处材料显示的画像石追缴回来的时间，即“2008年初秋”有明显矛盾。

例如，2010年5月出版的《曹操墓真相》第17页：“2008年初秋，安丰乡派出所抓获了一批盗墓贼，从盗墓贼手中追缴了一块比较完整的画像石。”书后附录“曹操高陵发现的前前后后”关于该画像石的记载是：2007年12月底被一个12人盗墓团伙盗掘，2008年初秋派出所破案并追回画像石。这块画像石即本节所讨论的“七女复仇”画像石。

2010年成书的《话说安阳曹操高陵——发现曹操墓》第十二章关于此画像石的记载是：2008年2月安丰乡派出所获知盗墓情况，随后抓获涉案人员并获得画像石线索，派出所努力将画像石追缴回来。并且“追缴回来的画像石已经断裂为三块”。同书记载，2009年1月5日考古队开始与派出所协调画像石临摹工作，说明此时画像石已经被追缴回来并保存在当地公安机关，可以推断被追缴回来的时间在2008年底之前，与《曹操墓真相》所记载情况大体吻合。

2016年出版的发掘报告第21页记载，2008年2月该墓（曹操墓）再次被盗，公安人员破获案件并追缴回来三块画像石，省文物局派专家对此画像石进行鉴定。此处的文字和图片都明确指出该画像石即为断成三截的“七女复仇”画像石。同书第321页“附录：曹操高陵大事记”第9条记载“2007年12月底，盗墓分子……从该墓中盗出三个画像石残块，后来经过拼对，发现这三块画像石是一个完整的个体”。同一书中关于此画像石被盗的时间有2007年12月底和2008年2月两种说法，没有说明具体被追缴回来的时间。

曹操高陵管理委员会官方网站上的“高陵大事记”记载

“2007年12月底，一个由12人组成的盗墓团伙进入墓穴，挖出一个雕刻有图案的石块——画像石。2008年初秋，安丰乡派出所破获了这起盗墓案，追缴了画像石”。

按照2010年出版的《曹操墓真相》以及曹操高陵管理委员会官方信息，此画像石被追缴回来的时间是2008年初秋，而此时《曹操高陵今何在》一文中此画像石的图片已经发表（或者接近刊出）。这两者之间的矛盾值得注意。对这些矛盾之处的最合理解释是，关于这块画像石的背景信息可能有误。此画像石可能最迟在2008年上半年之前已经被追缴回来并保存在当地有关部门，考古人员因此获得了照片信息并撰写文章。

除了时间上的问题之外，另一处信息也值得注意。2010年出版的《曹操墓真相》第78页作者提到“唯有那块刻有‘七女复仇’故事的残画像石，与墓中石牌以及盗坑中出土的其他画像石残块材质略异，特别是颜色略显深暗，但画像石中的内容，也排除了造假的可能。按案犯的交代，应该也是墓内文物”。此记载说明考古人员最初注意到了此画像石与曹操墓其他被盗文物，尤其是其他画像石残块之间的差异，曾经产生了一定怀疑。但是后来根据案犯的交代判断“应该也是墓内文物”，并未进一步探究。

显然，关于这块画像石的背景，考古人员获得的是辗转多次的转述信息（案犯→办案人员→相关工作人员→考古人员），甚至有可能是多个来源的信息。而此前信息转述过程中可能已经出现了误差，因此在不同资料中，关于此画像石被盗和追缴的时间信息上出现了多处不一致的表述。鉴于此画像石本身属于被追缴文物，而其被盗和追缴回来的时间上又出现多处分歧，因此其背景信息可能有不准确的地方。故笔者认为暂不宜将这块“七女复仇”画像石与曹操高陵直接关联起来。

2.3 “七女复仇”画像石用途、位置之疑

上一节分析认为，被高度关注的“七女复仇”画像石背景信息存在疑问，因此不宜与曹操墓直接关联起来。在此换一个角度思考，假如这块画像石确实被盗自曹操墓中，其在墓葬中的用途可能是什么？

2008年及2010年发表的文章和简报中没有提到“七女复仇”画像石在墓葬中可能放置的具体位置和作用。2010年出版的《曹操墓真相》第78页作者提到“按案犯的交代，应该也是墓内文物”，亦未说明画像石在墓中被盗的位置。

同为2010年成书的《话说安阳曹操高陵——发现曹操墓》第76页记载“通过观察，发现在墓室内仍然能清楚地看到盗墓贼砸坏画像石留下来的碎石残块，从而认定那块被盗画像石就是从这座墓葬中盗出来的”。与此书同时出版的《话说安阳曹操高陵——解密曹操墓》第93页关于画像石的记载如下：“此墓出土了大量画像石残块，大多数是出土于早期盗洞周围，少部分出土于墓室内，而且出土于墓室内的画像石多位于前室内，一般保存较好，甚至较为完整。”截至此书出版时间2014年，所有官方信源（包括发布会、简报、《曹操墓真相》等）中所见较为完整的画像石只有一块，即断成三截的“七女复仇”画像石。此书第94页图片显示的即为这块画像石，图片说明为“出土于前室的画像石（追缴品）”。这些记载说明这块画像石已经被认定来源于前室，但是并未交代做出这种判断的依据。

2016年发掘报告第231～232页介绍2号墓被盗文物时是这样描述的：“经过与M2出土文物进行比对，发现这些文物（画像石、石枕、圭形石牌和石壁残块）与该墓葬中所出土的

同类文物无论材质还是大小，文物特征完全一样，甚至可以拼对在一起，又有盗墓分子指认现场，因此可以确认，这些文物是从该墓中盗掘出土。”虽然此处并没有介绍对画像石在墓中具体位置和用途的推测，但是同书第67页末段指出“前室南侧室东西两壁的中下部，有明显的盗运画像石所留下的擦痕”，说明作者还是认为较完整的大块画像石，即“七女复仇”画像石，可能是出土于前室甚至是前室南侧室的。结合其形态和尺寸特征，关于这块位于前室的画像石用途和作用，可以做如下推测。

第一种可能，石门。2010年1月8日，《中国文物报》刊文介绍曹操墓考古成果时有这样的描述：“4个耳室均有石门封闭，可惜在发掘前都已被盗墓贼破坏。从出土的墓门残块看，部分墓门上应当有精美的石刻画像。”可见发掘者认为部分画像石可能是石门（这些信息在之后的简报和报告中均未提到）。

发掘报告中对墓门和前室南北侧室门的尺寸介绍如下（第71～76页）：“墓门已经不存在，门两边仅留宽0.24米的门槽。这里内券门宽1.68米，高2.58米。南侧室门已缺失，材质不详，门宽（甬道宽度）1.37米，高2.44米。北侧室门宽1.36米（高度未介绍，根据图30判断应该与南侧室门高度相近），门槽宽0.25米。”

“七女复仇”画像石宽1.28米，高0.71米，厚约11厘米（报告第232页，宽高尺寸单位误为厘米）。无论是宽度、高度显然都不适合这几处墓门，尤其是厚度11厘米与24～25厘米宽度的门槽相差甚远。因此作为墓门或者前室南北侧室石门的可能性难以成立。同时报告第68页也指出，前室中部靠近南侧室的地面上斜放着一块巨大石板，厚度远超其他铺地石，可能是石门。再次证实此画像石不可能是石门。

第二种可能，铺地石。墓中所见铺地石的尺寸大小不一，但是边缘裁切整齐。报告介绍，前室中部南北相连的铺地石被全部撬起搬离原来的位置，堆积在北侧室门外侧。前室南侧室有一块铺地石被盗走，北侧铺地石全部被撬起。

结合报告第67页末段“前室南侧室东西两壁的中下部，有明显的盗运画像石所留下的擦痕”，以及南侧室有一块铺地石被盗走的记载，该画像石很可能是此处被盗走的铺地石。但需要注意的是，部分铺地石有画像的一面被有意凿刻处理（报告彩版四七），而“七女复仇”画像石画面保存完整，没有任何被二次加工破坏的痕迹。故这种可能性也难以成立。

第三种可能，墓壁装饰。除前室北侧室之外，其他所有墓室壁均刷有一层平整的白灰，白灰外面未见任何可能是装饰画像石留下的痕迹。前室北侧室壁上和墙基位置也没有任何固定画像石留下的痕迹。故这种可能性也难以成立。

第四种可能，墓内某种设施，比如报告推测的屋形石椁某部分构件。报告推测的屋形石椁位置是在后室西侧中部，与前室位置相距甚远。因此这种可能性也难以成立。

在前述四种推测的基础上，笔者认为，如果“七女复仇”画像石确实是被盗自曹操墓中，且是出自墓葬的前室，只有可能是前室南侧室那块被盗的铺地石。鉴于此画像石画面保存完整，未见二次加工或者破坏的痕迹，这种可能性也存疑。

本节的分析表明，关于“七女复仇”画像石被盗自曹操墓的相关背景信息存在多处表述矛盾的地方，其在墓葬中的具体位置不详、具体用途也不详，因此不宜将其直接与曹操墓联系起来，尤其是不宜根据其年代或者级别信息来对曹操墓做出判断和研究。

此外，有学者在多处文章中论证高陵的初次被盗问题，均指出初次被盗应该是报复性破坏，墓内的大量器物包括画像石都被破坏成碎块就是证据[①]。发掘报告中介绍的也有大量碎成小块难以拼对的画像石。既然是严重的报复性破坏，“七女复仇”画像石能够得以近乎完整保存下来的概率也很小。从这个角度分析，此画像石的背景信息也需要慎重思考。

① 潘伟斌. 被盗的曹操陵墓. 大众考古, 2017 (8); 潘伟斌. 浅谈曹操陵墓被盗问题. 黄河·黄土·黄种人, 2018 (6).

3. 画像石碎块与“屋形石椁”“石棺床”辨析

3.1 画像石碎块来源

根据发掘报告介绍，曹操墓内出土碎块画像石数量有上万块（第170页）。关于这些画像石碎块的出土位置在不同材料中分别是这样介绍的：

发掘简报中介绍，“在清理1号盗洞时，在距地表5米处的盗洞周围出有大量画像石残块。建筑石构件均为残块，主要出自距地表深5米处的1号盗洞周围，少数出自墓室内”。报告第169、170页记载，“画像石大部分出土于1号盗洞周围，少部分出土于墓圹下部填土的夯土层中，一部分出土于墓室的扰土内，另一部分来源于墓室内的铺地石和墙壁下的奠基石。1号盗洞周围虽然多为细碎小块，但是个别画像石残块相对较大，画面保存较好。走访村民得知，这些残块多为盗墓分子从墓室中盗出，随意丢弃在西部取土坑内的农田中”。

根据上述信息，碎块画像石的具体来源有四：1号盗洞周围（距地表5米深度）、墓圹填土夯层中、墓室扰土内、墓室内铺地石和墙壁奠基石。铺地石和墙壁下的奠基石大部分原位置保存，是没有疑问的，不需再做介绍。下面对其他三处来源进行逐一分析。

发掘报告第58页描述，清理西部被破坏的墓顶填土过程中，第21层夯土层中夹杂少量画像石残块；第23层夹杂大量碎砖块和瓦块，但是很少再有画像石块出土。报告的第59页在平、剖面图上都明确标明了有这样两层，即“墓圹夯土层中第一层碎砖垫层和第二层碎砖瓦石垫层”，其中第二层距离地表5米。据此可以判断，在墓室顶部填土的夯土层中夹杂两层碎砖石块，这些碎砖石块中就包含大量画像石碎片。1号盗洞（年代不详）打破并穿过了这一碎石层，因此才会出现“距地表5米的盗洞周围出土大量画像石碎块”的现象。实际上这些画像石碎块就是夯土层中的碎块，并不是出自盗洞中。显然不可能有盗墓者将碎片从墓室中盗出，再在此位置（向上距现地表5米、距汉魏时期地表约3.3米，向下距墓底约10米）向周围掏洞，然后将这些石块塞进去。故1号盗洞周围的画像石碎片确定无疑应来自夯土层，而不是墓室内。

报告第58页提到在现代盗洞（D2）的周围发现了大量画像石碎块。这个现代盗洞的开口就在西部取土坑底部、取土破坏的墓顶夯土表面。从第59页的平、剖面图上可以看出，夹杂碎砖瓦和画像石的第21、23层夯土层西部已经被取土坑破坏而暴露在剖面上，说明现代盗洞开口位置要低于这两层（现场保存的迹象也是如此，见报告彩版四、彩版二六）。此盗洞附近的画像石“经走访当地村民，得知部分是从墓室填土中出土的”。盗墓者从墓中清理出这些碎块并从狭小盗洞运到墓外的动机难以合理解释，因此这种走访得知的线索并不可信。此盗洞口部东侧紧靠21和23这两个夹杂碎石块和砖瓦块的夯土层，并且低于这两层，因此附近的碎块画像石应该还是来自夯土层中。

故报告中介绍的画像石来源一和二实际上是同一处。所有出土于距地表5米深处的1号盗洞周围及现代盗洞周围的画像石碎片，都应该是来自墓顶包含碎石块的夯土层，并非来自墓室内部。

剩下的就是出土于墓室扰土内的画像石碎块。从报告后面所附现场照片（彩版三五：2，彩版三六，彩版三九，彩版四二等）可以清楚地看到墓室扰土内确实有大小不等的画像石碎块。尤其是彩版三五：2，明显可以看到在扰土的表面有比较集中的一堆画像石碎块。根据第69页介绍，“后室中部靠近甬道处，有一块铺地石被盗墓分子撬起砸碎，残块弃置在墓室扰土的表层上”，彩版三五：2这一场景可能正是此处。故这些石块的位置应当是在后室与后甬道之间。后甬道通高2.64米，根据图中工作人员的姿势分析，下部堆积的扰土至少有接近2米的厚度。因此这一片集中的画像石不大可能是从底部翻到上面并被砸碎，只可能是从上面砖瓦层中顺盗洞落下。

报告彩版四三：1中展示的石雕建筑构件也明确说明是出土于“后室上部”。尽管具体方位不明，但后室上部是最接近盗洞的位置，从而进一步支持上面的判断——这些碎块应当是从盗洞中坠落，来源是夹杂碎画像石块的夯土层。另一篇讨论墓葬被盗问题的文章也认为“由于盗洞位置正好打破墓葬填土中的废料层，使部分画像石废料掉落到墓室内，和墓室内的画像石混在一起”①。

因为大量碎片整理尚未完成，报告中对画像石的介绍比较简略。这部分内容提到“有几块画像石碎块直接叠压在最底部的一处漆木器上，显然没有被晚期扰动过；早期盗洞回填土中清理出来一块门柱残块；这些画像石残块中，既有瓦当，亦有门柱”等信息②。在报告第60页介绍3号盗洞（即早期盗洞）时说“（盗洞内）另外还有画像石残块，其中一块石柱残块格外显眼”，这与前面所说这块门柱残块应当是一块。作者认为“这些画像石是从墓室中盗掘出来，并不是夯层出土”。这种判断值得商榷——从十余米深的墓室中盗出笨重石材，但是丢弃在盗洞中，这种行为在基本逻辑上也难以成立。这些石

① 潘伟斌，聂凡. 曹操墓首次被盗问题探讨. 中原文物，2012(4).

② 河南省文物考古研究院. 曹操高陵. 北京：中国社会科学出版社，2016: 169-170.

块如何得以保存在盗洞中也是难以解释的问题。因此我们认为这一石柱最可能的来源还是顶部夯土中的废料层。

综上所述，考古人员虽然意识到了画像石废料和墓室内画像石混在一起，但在报告中并没有仔细区分。可以肯定的是，至少彩版四三：1所示的石瓦当和早期盗洞内的这一门柱残块应当是来自上部的废料层。其余的碎块中应当还有相当大一部分也是如此，这种来源的混淆对后续研究造成了一定困扰。

关于这些“出自墓室内”[①]的画像石块，报告第170页描述“画像石残块中，既有瓦当，亦有门柱，由此有专家认为，这些画像石中，部分应该和葬具中的石椁有关，本人也持相同观点”。说明报告作者和部分未具名专家认为这些石块可能属于被破坏的石椁。下面专门对这个“石椁”进行分析。

① 从报告中难以确认哪些是出自墓室内，故这种说法是不科学的，因此做特别标示。

3.2 屋形石椁

曹操墓葬中的石椁或者屋形石椁，在新闻发布会资料和正式发表的简报中都未提及。最早出现是在《曹操墓真相》第57、58页，作者根据发现的石雕建筑构件如瓦当等推测可能存在石屋或者石椁，但是当时并没有十分肯定。接下来就是发掘报告第170页所描述，有专家认为存在石椁，作者也持相同观点。考古负责人在报告出版之后发表的文章中也提到“经过整理，我们发现这些画像石多为石屋上的建筑构件，如石雕瓦当、瓦垄、门框、柱子、门扇和四壁等。有专家推测它们可能是曹操棺木外面的仿木石屋的组成部分”[②]。

② 潘伟斌. 被盗的曹操陵墓. 大众考古, 2017 (8).

从上面的信息来看，“屋形石椁”的推测是由某一位专家提出的，但是各处均没有说明这位专家的姓名，也从未见有学者就此问题发表文章。做出这种推测的依据主要是出土的石雕建筑构件——前面已经分析过，这些构件中至少有一部分可以肯定是出自墓顶上部的夯土层而不是墓室中。在没有将各种碎块来源区分清楚之前做此推测，显然是不严谨的。在2016年出版的发掘报告中，也没有明确线索证实这个“屋形石椁”的存在。

这样一个推测出来的“屋形石椁”显然已经被许多学者接受。例如，2010年4月2～3日安阳召开的曹操高陵学术研讨会上，陈长琦说：“我们今天看到了墓葬出土的很多画像石，但这些画像石都被敲碎了，那个碎，不是一般的碎，是碎得很小很小的块…… 他们分析，以及有些学者提出来，破碎的画像石应该是石棺的构件。”[①]2011年徐龙国的文章中说他根据某位学者告知的信息，得知墓中可能有石椁或者石棺，进而“我们认为这些画像石碎块很可能属于墓中的画像石椁。特别是有些碎块刻画了圆形乳钉纹瓦当图案，应属于石椁之上的屋宇形盖板”[②]。

① 陈长琦. 关于曹操墓的几点看法. 学术研究, 2010 (7).

② 徐龙国. 曹操墓画像石解析及一号墓主推测. 殷都学刊, 2011 (1).

结合碎块画像石的出土位置信息分析，我们认为做出“石椁”的推测本身缺乏足够证据。且除了这些来源已经被混淆的石雕瓦当、柱子等构件之外，目前并没有任何其他可以证明石椁存在的信息（其他文章中所提到的瓦垄、门框、门扇和四壁等构件并未在报告中详细介绍，形状尺寸及具体出土位置信息均不详）。故这个“石椁”、“屋形石椁”或者“石棺”的推测至少在目前公布的材料中难以得到支持。

3.3 石棺床

石棺床在《曹操墓真相》（第56～59页）和发掘简报中都有提到，判断的依据都是后室后部铺地石上的三对六个印痕。不同的是，《曹操墓真相》一书中对此持非常肯定的态度，“六个‘印痕’的发现，不仅说明西高穴2号墓有石葬具，而且确认了安放石葬具的位置”；而发掘简报态度比较谨慎，认为“在后室靠后部发现六个石葬具痕迹，推测应有石棺床一具，其上放置木棺”。

发掘报告第111页介绍说“（1号葬具）位于后室主室中偏西部，包括石棺床和棺木”。做出判断的依据一是地面上的六个印痕，再就是“根据对当地群众的走访调查，我们了解到，墓葬内确实有石棺床，但是已经被盗墓分子盗走，下落不明”。此处“走访调查”获得的信息显然是不能作为论证依据的。最直接的问题——“当地群众”何以得知十几米深底下的古墓内有石棺床，报告并未交代。

首先分析这六个印痕。《曹操墓真相》第57页介绍发现的第一个印痕“完全没有人工凿堑的痕迹”，并且判断其是由巨型重物在坚硬的铺地石上压出来的。发掘报告介绍这六个印痕中，有三个是凿出来的、三个是压出来的。至于什么样的“巨型重物”能够在坚硬的石面上压出痕迹来，需要慎重考虑。同时，底部铺地青石板被重物压出印痕而没有破碎，这与其物理特性显然有矛盾，这也是大部分现场考察的学者都没有注意到的问题。石板可能因长期使用摩擦受损留下痕迹（比如公共场所的铺地石或者门槛等），但绝对不会因为重压而留下凹痕，重压只能导致其破碎。

再分析“走访调查”获得的信息。既然是走访调查获得的信息，可以得出两个结论：①提供此信息的村民或者下到墓内见过此棺床，或者直接参与了盗掘棺床的活动，并且此活动发生在2005年之后（根据《曹操墓真相》一书提供的信息，最早的一次现代盗扰活动应该在2005年砖窑停工之后）；②村民见到这件棺床时，应该是相对完整的，甚至位置可能都没有扰动，因此他们才能认出来是棺床。

按照简报平面图上的印痕情况估算，此“石棺床”长度近

3米，宽度超过1米。考虑到上面还要放“屋形石椁”和棺木，其厚度和重量也应该非同小可（假设长3米、宽1米、厚0.2米，按照普通青石密度2800kg/m³计算，重量也近1.5吨）。如此尺寸和重量的石棺床从距现代地表15米深（即使距离现代盗洞口的深度也近10米）的墓室中经狭窄的盗洞搬出并运走，显然不会是一件非常隐秘的事情，也非少数几个人能够完成。

而现在能看到的实际情况是，2005～2008年有人“亲眼”见过，却没有描述出任何特征信息；重量巨大的石质文物从十多米深的底下盗出并被运走，却没有留下任何其他线索。据《曹操墓真相》第70页介绍，“截至2009年底，安阳县警方先后抓获5批盗墓贼，共38人”。如此多的盗墓分子中没有人提供任何更多的关于“石棺床”的线索，匪夷所思。经分析之后可以认为，走访调查获得的关于“石棺床”的信息并不足以为信。

此外，墓葬在古代和现代遭到多次盗扰，这是没有疑问的。多篇文章中都指出第一次盗扰活动属于政治性报复，造成的破坏非常严重。在政治报复的情况下，作为墓主人遗体安歇之地的棺床，理应是报复的重点目标之一。但是在大部分器物（包括所推测的“屋形石椁”）都被破坏殆尽、难以修复的情况下，这一棺床竟然能得以“完整”地保存到一千多年后，直至被盗出，最后不知所终——这种可能性根本无法成立。

因此，无论是后室铺地石上的“印痕”，还是走访获得的消息，都存在疑问，不能支持“石棺床”的存在。这些信息的出现，不仅给解读墓葬本身的葬俗特征造成了不利影响，一定程度上也给其他学者造成了误导。至于后室后部铺地石上的明显印痕，只能是凿刻出来的，不可能是因为重压形成。它们的具体功能以及与葬具之间的可能联系，因相关葬具被破坏殆尽，目前还无法解答，也不宜过度推测。

4. 相关画像石新论

曹操高陵画像石资料刊发之后，多位学者对其展开了研究。对于画像石的内容（主要是较为完整的“七女复仇”画像石）和艺术风格，不同学者的意见基本一致。但是在画像石的用途方面，考古学者内部也出现了明显分歧。即使是在发掘报告中详细介绍了这些画像石的内容和背景资料之后，这些分歧或者疑问也没有消除。持质疑观点的学者对画像石的年代也提出了疑问。如本书第四章对质疑观点的梳理所见，画像石问题是许多学者提出但一直未能解决的关键问题之一。

通过对相关画像石背景材料的梳理，我们发现问题的关键在于画像石的来源可能存在混淆，随后对追缴画像石和出土画像石碎片的来源问题分别做了分析。对于追缴画像石，主要是“七女复仇”画像石的背景资料分析表明，多处信息源中对于该画像石的被追缴时间表述上存在分歧，转述给考古人员的背景信息可能出现误差。此外，其在墓葬中的具体位置不明，目前也难以解释其在墓葬中可能的作用或者功能。鉴于此画像石背景信息存在的这些疑问，不宜将其与曹操高陵直接建立联系，更不宜列入曹操高陵的研究材料之中。

画像石碎块的来源更加复杂。通过对简报和报告内容的详细分析，我们认为绝大部分画像石碎块是出自墓顶的夯土层中（主要是第21层）。因为盗洞打破这层，其中的碎块画像石就落入墓室内。现场发掘人员虽然意识到这个问题，但是并没有将从上部落入的石块与可能是墓室内埋藏的石块做出区别，以至于对后续研究产生了一定影响。

“屋形石椁”之说出现的根本原因是对碎石块来源的混

淆。就目前的材料看，仅依据几块很可能是来源于废料层的石雕建筑构件和某位不具名专家的推测，难以支持“屋形石椁”的存在。“石棺床”之说也缺乏可靠依据。铺地石上重物压出的“印痕”不符合石质材料的物理性质，走访村民所得的消息也存在明显疑点——从墓葬遭多次盗扰的情况看，即使曾经存在规模庞大的某种石质葬具，也难以逃过历次盗扰而保留到现代。

综上所述，围绕画像石产生的各种疑问，以及因画像石而对考古结论产生疑问的根源在于各种画像石背景信息的混淆：追缴文物本身的背景信息存在疑问；出土物品的不同埋藏环境没有区别开来。这也是本章标题中使用“高陵相关画像石”，而不是“高陵出土画像石”的原因。

刘瑞在2010年初即提出画像石可能与墓葬本身并无关系[①]，但是并未引起关注。之后徐光冀也提出无论是石棺床还是石椁，都要在画像石拼对黏接之后才能下结论，并且“发掘品和采集品是要严格区分的”[②]，遗憾的是也未引起注意。而在材料混淆基础之上所做的各种推测和判断则一直影响着后续研究，甚至被作为质疑考古结论的证据之一。

最后，铺地石板背面对画像石进行二次加工的痕迹，以及墓顶填土夯层中夹杂碎画像石块的现象，都说明在修建墓葬时从其他地方拆卸了大量画像石并二次加工利用。加工之后大量废料就填在墓顶夯土层中。同时，2010年M2墓道东部区域的发掘中，在墓葬开口层位深度也发现了细小的画像石碎片（详见第二章1.3节），证实对画像石的二次加工就是在墓葬附近实施的。因此目前可以确定的与曹操墓有直接关联的就是这些被二次利用的画像石。通过部分确定出土于夯土层中的石雕瓦当和建筑构件判断，至少有一部分石材来自祠堂类建筑。这些画像石中一部分被加工成铺地石铺在墓室底部，被凿錾下来

① 刘瑞. 曹操高陵四题. 中国社会科学报, 2010-1-19 (4).

② 徐光冀. “曹操高陵” 的几个问题——《河南安阳市西高穴曹操高陵》读后 // 中国考古学会. 中国考古学会第十四次年会论文集2011. 北京: 文物出版社, 2012: 395-402.

的废料大部分填在墓顶夯土层中，少部分细小碎片散落在墓葬附近的地面上。

在发掘之中，墓顶夯土层除了早期被取土破坏的部分之外，其余部分完全没有被清理。因此第21和23层夯土层只暴露了西边的断面，其具体分布范围、包含画像石块的具体数量等尚未完全弄清。可以肯定，还有相当数量的画像石碎片压在未发掘的夯土之下。同时墓葬的铺地石没有被全部翻过来做观察记录，究竟有多少铺地石是二次改造的画像石也需要进一步研究。如果夯土层中的画像石碎块和铺地石都能够进行全面清理和分析，关于画像石的来源和年代问题定能够得到更加可靠的线索，围绕画像石的各种疑问也必然能够得到更详细的解答。

卞后祔葬高陵

1. 研究综述

《三国志·魏书三·明帝纪第三》记载："(太和四年)六月戊子，太皇太后崩。……秋七月，武宣卞后祔葬于高陵。"《三国志·魏书五·武宣卞皇后》记载："至太和四年春……其年五月，后崩。七月，合葬高陵。"两处文献除了关于卞后去世的具体时间记载略有出入之外，对其在太和四年(230年)七月祔葬/合葬高陵的记载是一致的。作为文献有明确记载、与曹操关系亲近且葬地与高陵有直接关系的两个历史人物之一(另一个是曹冲)，自曹操高陵考古发现公布伊始，卞后就迅速成为媒体和学界关注的焦点之一。

2009年12月27日的新闻发布会上，只公布了西高穴2号墓中共葬有一男两女和男性年龄为60岁左右的信息。2010年1月8日《中国文物报》刊发的《安阳西高穴曹操高陵发掘获重要成果》一文中做了更加详细的介绍，"共发现3个个体……确定其为男性1具，约60岁；女性2具，年龄约50岁和20岁"。其后，各方学者开始关注墓中这两名女性的身份，问题的焦点是这两名女性中是否有卞后。相关观点主要可以分为三个大类：2号墓中年长女性是卞后；2号墓中没有卞后，部分学者认为1号墓墓主是卞后；1号墓和2号墓中都没有卞

① 曹定云. 论曹操墓中的卞太后. 中原文化研究, 2016 (4).

② 河南省文物考古研究院. 曹操高陵. 北京: 中国社会科学出版社, 2016: 310-316; 潘伟斌. 曹操墓内发现年长女性遗骨的身份与曹操夫人卞氏年龄考 // 文化遗产研究与保护技术教育部重点实验室, 西北大学丝绸之路文化遗产保护与考古学研究中心, 边疆考古与中国文化认同协同创新中心, 等. 西部考古 (第12辑). 北京: 科学出版社, 2017.

③ 俞绍初. 探讨曹操墓真伪问题. 光明日报, 2010-1-18 (5).

④ 石云涛. 汉代合葬异陵与曹操墓 // 北京外国语大学中国语言文学学院. 人文丛刊 (第五辑). 北京: 学苑出版社, 2010.

⑤ 梅铮铮. 读曹操《遗令》兼论曹操高陵及相关的问题. 成都大学学报 (社会科学版), 2010 (6).

⑥ 张国安. 颠覆曹操墓. 北京: 东方出版社, 2010.

后。为了便于对比观察，下面将这些观点及相关作者列表展示（表2）。

表2　有关卞后墓葬的研究观点分类

观点	2号墓中年长女性为卞后	2号墓中没有卞后		1、2号墓都没有卞后
		未提出可能位置	1号墓墓主是卞后	
学者	曹定云[①] 潘伟斌[②]	俞绍初[③] 石云涛[④] 梅铮铮[⑤] 张国安[⑥] 倪方六[⑦] 徐光冀[⑧] 姚草鲜[⑨]	焦南峰[⑩] 刘瑞[⑪] 牛润珍[⑫] 孟宪武和殷杰[⑬] 徐龙国[⑭]	韩国河[⑮]

据初步统计，开展曹操高陵相关研究并公开发表成果的学者有90余人。表2中统计的对卞后墓葬发表相关观点的学者共计15人，即1/6的学者关注了卞后问题。而这些学者中，仅潘伟斌和曹定云两人坚持认为2号墓中年长女性的身份即为卞后。其余学者中，除了对考古结论持质疑观点的俞绍初、张国安、倪方六、徐光冀等之外，韩国河、焦南峰、刘瑞等支持考古结论的著名考古学者也不认为卞后葬在2号墓中。其中焦南峰等学者认为1号墓墓主可能是卞后，不过这些观点是在1号墓发掘结果公布之前提出的；韩国河在2010年9月就提出1号墓也不可能是安葬卞后之处。

由此可见，绝大部分学者并不认为2号墓中年长女性就是祔葬高陵的卞后。其原因也非常清晰：按史书记载，卞后去世年龄为70岁或71岁，但是2号墓中年长女性遗骨鉴定年龄为50岁左右。依据骨骼特征做出的年龄鉴定确实会存在一定误差，但是误差20岁的情况是不合理的。因此，这两个年龄之间的巨大差异直接排除了卞后在2号墓葬中的可能性。

关于卞后与1号墓之间的关系，学者有明显不同的看法。焦南峰、刘瑞、牛润珍等学者推测卞后可能葬于1号墓的观点

⑦　倪方六. 三国大墓. 南京: 江苏人民出版社, 2010.

⑧　徐光冀. “曹操高陵”的几个问题——《河南安阳市西高穴曹操高陵》读后 // 中国考古学会. 中国考古学会第十四次年会论文集2011. 北京: 文物出版社, 2012: 395-402.

⑨　姚草鲜. 河南安阳西高穴大墓墓主研究述评. 中国古典文献学丛刊 (第九卷), 2014.

⑩　焦南峰. 安阳西高穴墓地应是曹操高陵. 中国文物报, 2010-1-13 (3).

⑪　刘瑞. 曹操高陵四题. 中国社会科学报, 2010-1-19 (4).

⑫　牛润珍. 曹操高陵疑信辨. 光明日报, 2010-1-26 (12); 牛润珍. 西高穴大墓是否为曹操墓?——高陵地望、朝向与墓葬类型之推证. 中国人民大学学报, 2010 (4)

⑬　孟宪武, 殷杰. 也谈西高穴曹操高陵. 殷都学刊, 2011 (1).

⑭　徐龙国. 曹操墓画像石解析及一号墓主推测. 殷都学刊, 2011 (1).

⑮　韩国河. 动态解析曹操高陵. 中国社会科学报, 2010-9-7 (18).

发表于该墓清理完毕之前，徐龙国在文中表示他并未去过现场，因此这一认识是根据当时媒体所公布的两墓并列关系做出的推测。而韩国河作为本省专家多次考察现场并指导考古工作，对现场进度和遗迹特征有十分详细的掌握。2010年9月之前，1号墓清理工作已经结束，因此他认为“1号墓可能是一座废弃的墓葬”，不可能是卞后之墓。

通过上述分析可见，关于卞后与1号墓之间关系的认识出现分歧，主要是学者们掌握的现场考古信息存在差别。在2010年9月之后，虽然1号墓的考古结果并未很快发表，但是大量的学者都先后参观了现场，了解到真实的情况，所以极少有人再将1号墓与卞后联系起来（徐龙国、孟宪武等学者的文章收稿时间为2010年10月底，但是从其内容看，应该不了解1号墓最后发掘结果）。

所有学者中，只有潘伟斌和曹定云两位在面对人骨鉴定年龄与历史记载年龄存在明显较大误差的情况下仍然坚持认为2号墓中年长女性即为卞后。除了因为文献确凿无疑地记载卞后祔葬高陵之外，两位学者分别在年龄方面做了不同的解读。

对于卞后逝世年龄71岁，曹定云是认可的。对于骨骼鉴定年龄与文献年龄之间的差别，他认为“不同的鉴定者，根据不同的骨骼所得出的结论是有差别的，这是鉴定中的正常现象”[①]。文中引用的“中国社会科学院考古所王明辉与张君鉴定的年龄为50岁左右；而吉林大学朱泓教授根据头骨上骨缝的愈合程度，认为在60～70岁，但根据牙齿磨损程度，其年龄又在40多岁”等信息，说明他认为出现这种误差的原因是骨骼年龄鉴定结果本身的问题。需注意的是，他引用的这些信息是来自考古项目负责人的新浪博客文章。在此博客文章之前，潘伟斌于2010年1月发表在《中国文物报》的文章中，关于年长女性的鉴定信息只有王明辉博士鉴定的结果，即50岁

① 曹定云. 论曹操墓中的卞太后. 中原文化研究, 2016 (4).

左右，并无其他信息。

在2016年出版的发掘报告所附《曹操墓人骨鉴定报告》也是王明辉博士所作，并未提其他学者鉴定的信息。后面第十七章第八节《曹操夫人卞氏年龄考》一文中提到“也有专家鉴定为60岁左右”，并未说明是何人鉴定。但是通观全文，作者是认可“50岁左右”这个鉴定结果的。对于文献记载年龄和骨骼鉴定年龄之间的误差，他从两个方面进行解释：一是论证卞后去世的实际年龄是64岁，而不是71岁；二是根据中山大学李法军的观点“依据牙齿磨耗鉴定的年龄平均要比依据耻骨联合鉴定的年龄小10岁”，在王明辉鉴定年龄“50岁左右”的基础上加10岁，然后就与他推论的卞后去世年龄（64岁）比较吻合了。

潘伟斌对于卞后年龄的论证十分详尽，观察十分细致，可谓一家之言。但是其后面对于骨骼年龄鉴定结果的理解和运用显然存在可商榷之处。首先，李法军只建议这个标准（牙齿磨耗年龄比耻骨联合反映的年龄小10岁左右）可以在该地区（天津蓟州一带）作为参考[①]，并没有认为他在这一个墓地发现的情况能够广泛用于任何地区和任何个体上。目前普遍运用的人骨年龄鉴定标准是在大量数据积累和对比的基础上得出的，某一地区或者某一人群因为其特殊的文化或者自然原因会出现与此标准相出入的现象，这是正常情况。但是并不意味着某一地区或某一人群出现的特例就能够推翻之前建立的鉴定标准，并且可以直接运用到其他不同地区不同时代的个体上。

食物结构和健康状况都是影响牙齿磨耗程度的直接因素。以食物结构为例，中国北方地区居民的食谱特征在历史上发生了明显的转变，新石器时代以来的以粟为主粮的传统在东周和汉代开始转变，小麦大约在唐代以后完全成为北方居民的主粮[②]。贵族食物结构方面，曹操所处的汉末和李法军鉴定对象所处的明清时期是完全不同的两种情形：汉代小麦虽然已经进

① 李法军，盛立双. 有关古人骨年龄鉴定的问题——以天津蓟县明清时期敦典夫妇合葬墓和桃花园墓地为例. 文物春秋，2011 (3).

② Zhou L G, Garvie-Lok S J. Isotopic evidence for the expansion of wheat consumption in Northern China. Archaeological Research in Asia, 2015, 4: 25-35.

入北方主粮体系，但是地位较高的阶层仍然偏好粟[①]；而明代北方贵族则以稻米为主粮[②]。由于不同谷物本身结构特性的差别，这两种截然不同的主粮对牙齿磨耗程度的影响肯定存在差别，同时两组研究对象（安阳曹操墓3号人骨个体和天津蓟州明清个体）所处的地理环境也有明显差别。忽略地理环境、年代差异和食谱差异，将后者（天津蓟州明清个体）的研究结果直接运用到前者（东汉曹魏时期居住于河南河北的贵族卞后），并不妥当。

同时，王明辉鉴定"50岁左右"并不是完全依据的牙齿磨耗，还依据颅骨骨缝愈合特征。同时鉴定报告中还明确说明跟地位相近、地域接近的邺城元祜墓人骨（北朝，史书记载死于55岁）进行了对比，曹操墓3号人骨（即年长女性的人骨）牙齿磨耗程度要远小于55岁的元祜。这两组研究对象在地位和地理位置上都相近，年代上也相距不远，故这种比对是具有合理性的。因此"50岁左右"的鉴定结果是一个综合了多方面特征得出的结论。

报告作者在对3号人骨身份的论证过程中，忽略了鉴定报告中与北朝元祜骨骼对比的部分，将另一处地域不同、时代差距很大的人骨鉴定结果运用到曹操墓出土人骨上，可能是受事先所设定的研究思路（2号墓中年长女性就是卞后）影响。

上述两例支持卞后葬于2号墓的观点中，两位学者在两项基本证据（卞后逝世年龄和人骨鉴定年龄）上的认识完全不同：一方认可根据文献推算的去世年龄，认为鉴定结果有误；另一方认为根据文献推算的年龄有误，鉴定结果可靠，但是对鉴定年龄有新的解读方法。两位学者都是在试图弥合卞后逝世年龄与实际骨骼鉴定年龄之间的差距，显然都是在认定了其身份为卞后之后再去寻找证据，属于先入为主的论证方式。同时，两位学者对于骨骼年龄鉴定结果也都存在各自不同程度的

① Zhou L G, Garvie-Lok S J, Fan W Q, et al. Human diets during the social transition from territorial states to empire: Stable isotope analysis of human and animal remains from 770 BCE to 220 CE on the Central Plains of China. Journal of Archaeological Science: Reports, 2017, 11: 211-223.

② 周立刚, 孙凯, 孙蕾. 明代周懿王墓地出土人骨稳定碳氮同位素分析. 华夏考古, 2019(2).

误读，影响了其结论的可靠性。

根据相关文章中反映的信息，王明辉博士对2号墓出土人骨开展全部鉴定的时间应该在2010年1月之前（新闻发布会和之后多篇文章都引用了鉴定结果），而曹操高陵的发掘工作到2010年6月尚未结束（央视直播考古发掘现场）。说明在鉴定时所获得的人骨信息并不一定完整（未提到耻骨联合的特征），鉴定结果的准确度可能会受到一定影响。之后对于墓室清理出的淤土再次筛选清理中，新发现了一些人骨碎片，进一步完善了人骨信息。对这些新信息的综合鉴定可能会获得更加精确的结果。根据与邺城北朝元祜墓人骨的对比情况判断（3号人骨牙齿磨耗远小于55岁的元祜），进一步精确鉴定的结果只可能将3号人骨年龄向更年轻的方向修正，更加否定其为卞后的可能性。

2号墓中年长女性骨骼年龄鉴定结果已经否定了卞后与曹操同穴合葬的可能，而陵园发掘的结果证实了1号墓早于2号墓和陵园，从而也排除了卞后葬于1号墓的可能。目前的情形证实了韩国河在2010年9月所提出的看法，即1号墓和2号墓中都没有卞后。这一文献确凿记载葬于高陵的重要历史人物之墓葬位置，显然需要另行寻找线索。

这个问题长期以来一直未能解决，因此也一度成为质疑者否定考古结论的“证据”之一。既然墓葬本身、陵园、陪葬墓等各个关键要素都与曹操墓的特征相符合，如果文献记载属实，则这一问题也一定能够通过考古的方法解决。

2. 考古新线索

2010～2017年，河南省文物考古研究院在陵园附近开展了大面积的调查、勘探和发掘工作。除了陵园北部和东部西高穴村民房区域和墓葬保护棚基础占压区域之外，勘探基本覆盖了北到漳河、西到渔阳村、南到漳南干渠、东到东高穴村的绝大部分区域。陵园南北边界都已经发掘揭露。除了陵园西侧的4座东西向陪葬墓之外，其余区域未发现任何明显与曹操高陵有关联的墓葬遗迹。而已经确认为陪葬墓的4座墓葬规模明显较小，与卞后的地位不符，卞后之墓葬在其中的可能性可以排除。

在所有勘探和发掘获得的线索中，有两个现象一直未能得到合理解释：一是东西向贯穿陵园南部的夯土基槽；二是陵园东北角的大型夯土遗迹（图8；图版57）。陵园南部的这一基槽打破陵园东墙，东西两端分别被闸门沟和取土坑破坏，附近未见任何可以关联的遗迹，因此目前为止仍然很难解释其性质。陵园东北角的大型夯土遗迹在2009年高陵发掘时已经被部分揭露（见报告彩版一九、彩版二四），发掘报告推测其为陵园东北角的加固措施（报告第267、268页）。但是2016～2017年的陵园全面发掘结果确认其为一东西长33米、南北宽7米的独立长方形遗迹，开口于陵园同一层面，打破陵园外周基槽的东北角[①]。

在平面上确认东北角夯土为独立遗迹且晚于陵园之后，我们再次对其进行了仔细勘探。勘探结果表明其底部呈东高西低斜坡状，最西端深度在12米以上（勘探开始的地面为曹魏时期地面，距现在地表1.7米，故该遗迹的底部距离现地表超13米），南、北两壁有台阶。根据这些线索判断其可能为一东西向墓道，墓室应该在西边。其西部被临时保护棚基础等建筑占压，无法开展详细勘探。根据地面情况择机勘探数孔至12米深度均未发现墓砖等其他线索，当时未确定其性质，在陵园发掘简报中将其暂定名为晚期遗迹。

2017年陵园全面发掘结束并通过专家验收之后，曹操高

① 河南省文物考古研究院，安阳市文物考古研究所，曹操高陵管理委员会. 安阳高陵陵园遗址2016—2017年度考古发掘简报. 华夏考古, 2018 (1).

陵保护展示工程设计方根据考古结果调整了设计方案，使规划建筑的南北两侧基础最大限度地避开陵园的南北边缘，包括陵园东北角的晚期遗迹。方案通过之后即开始建设。

2018年1月26日下午1点30分，在对工程B19号立柱的第5号基础（B19-5）打孔过程中（图版58），打孔机带上来的土中发现碎砖块。工人将情况报告给曹操高陵管理委员会，后者立即通知河南省文物考古研究院，并暂停相关位置的施工。河南省文物考古研究院派出的专业技术人员于当天下午6点抵达现场，用升降机下到直径1米、深度已达15米的柱础孔中进行勘察。

大约在地表13米以下的位置，打桩机留下的圆柱形孔壁上暴露有大量白灰和青砖，其中一段高约2米的砖墙和顶部剖面十分清晰（图版59、图版60）。根据壁上暴露的迹象判断，13米位置向下有一砖砌遗迹，高2米以上（只暴露2米左右，未见底部）。砖结构的一角被柱洞破坏，破坏部分约0.5米长（柱洞直径1米，砖结构只在西南部壁上）。由于孔壁已经被打桩机压实，无法进行剖面清理和进一步观察。根据剖面暴露的砖块和打孔机带上的碎块判断，此处结构所用青砖宽度约24厘米，厚度近12厘米。

在地表观察，涉及此遗迹的B19-5柱洞位于陵园东北角晚期夯土遗迹的西北角，中心距离遗迹北边约3.9米（图版58）。柱洞的口部所在地面与陵园所在地面一致。根据底部观察到的砖结构走向和地表遗迹的位置，我们判断底部这一砖结构应当与该遗迹有关。此时可以确认该遗迹为一墓葬，砖砌墓室位于开口以下13米左右位置。墓室开口部分大部分被压在未发掘区域下。对比表明，此墓室用砖与曹操高陵墓室建筑所用的大型青砖尺寸接近。

目前所获的该墓葬形制特征包括：坐西向东，宽斜坡墓道，墓道两侧有台阶，墓室顶部深度13米左右，用砖尺寸与曹操高陵大砖相似。据此可以判定该墓葬的年代与曹操高陵和陵园相近，属于曹魏时期墓葬，但是下葬时间在黄初三年陵园毁弃之后。

该墓葬在地表观察到的长33米、宽7米部分应该是墓道位置，墓室位置上部被早期发掘出来的墓葬填土及临时建筑等覆盖未能发掘和勘探，开口尺寸暂时不详。墓道东部和北部边缘为勘探确定，实际长宽数据可能与此略有出入，但不会有太大误差。曹操高陵墓道长39.5米，宽9.8米；西朱村曹魏墓墓道长33.9米，宽9～9.4米[①]；曹休墓墓道长35米，宽5.4～9米[②]。经过对比墓道尺寸和用砖尺寸，可以初步判断此墓葬级别较高。

结合上述新线索我们可以确定，在曹操高陵陵园的东北角有另一座曹魏时期的高等级墓葬，此墓下葬时间在黄初三年陵园毁弃之后。目前的各种考古证据表明，这座墓葬可能与祔葬高陵的活动有关，是解决卞后墓葬位置问题的关键线索。

至此，新考古线索为解决祔葬高陵这个关键问题提供了新契机。同时，这一遗迹年代和性质的确定也为深入准确地认识曹操高陵的历史文化内涵、为进一步开展保护和研究工作提供了重要材料。

① 洛阳市文物考古研究院. 河南洛阳市西朱村曹魏墓葬. 考古, 2017 (7).

② 严辉. 曹操墓和曹休墓的比较与研究. 中国文物报, 2010-9-17 (5).

曹操有关DNA研究再商榷

1. 曹操有关DNA研究背景及成果

在曹操高陵考古发现公布之初，就有多位学者从科普角度对利用DNA检测来验证曹操身份的可行性表示怀疑[①]，尤其是司法鉴定方面的专家从专业角度解释了这种操作的可能性几乎没有[②]。这种设想（利用曹操后人的DNA来比对曹操高陵出土男性人骨DNA）所面临的困难不仅包括明确为曹操直系后人的曹植遗骨已经不知去向，还包括曹操墓中出土人骨本身DNA的降解、曹操几十代后人中可能发生的基因突变等不利因素。

几乎与此同时，复旦大学现代人类学教育部重点实验室、现代人类学研究中心联合开展了一项由复旦大学金穗项目支持的"曹操墓人类基因调查的历史学研究"课题[③]，于2010年1月26日公开宣布实施[④]。这一课题中，历史学者与生命科学专家同时开展研究，其发表的成果互为基础。

2010年2月，历史学者韩昇发文《曹操家族DNA调查的历史学基础》，认为根据族谱可以认定现存曹魏帝室有后裔留在世上，从而能够为寻找曹氏DNA提供重要线索。他分析认为司马氏篡权之后并未诛灭整个曹魏皇室宗族，而是只灭了曹爽一族，曹爽亦非曹操直系。曹操直系后人在西晋时期仍是官

① 炎龙. 曹植遗骨不明鉴定曹操已不可能. 科学大观园, 2010 (4); 潘丽娜. 高科技能否辨明曹操墓的真伪?. 河南科技, 2010 (1).

② 王婷婷. 高科技能否为"曹操"验明正身. 发明与创新 (综合科技), 2010 (3).

③ 关于这一课题的名称，韩昇文章中写为"曹操墓人类基因调查的历史学研究"，王传超领衔发表的《鄱阳操姓血缘上并非出自曹操》等文中写为"曹操后代的历史人类学调查(B200902)"。

④ 韩昇. 曹操家族DNA调查的历史学基础. 现代人类学通讯, 2010 (4).

僚门第之一，且曹氏后人数量颇多，一直存世至今。同时认为曹操之父曹嵩必为其祖父曹腾从本族过继，与夏侯氏无关。其后介绍了这一课题的基本设想：由族谱调查来确定现存曹氏后裔人群，再对这些人群进行基因检测，从而确定曹操家族Y染色体类型[①]。这一成果的主要结论可以概括为两点：一是曹操一族与夏侯氏无关，二是曹操后人现存于世并可以通过族谱确认。这两点构成了所有后续研究的理论基础。

上述研究结论以及与此课题有关的研究设想很快被学者质疑。朱子彦于同年4月发文认为存世曹氏族谱与曹操后裔无关，现存大多数族谱多为清代或民国时所修，明代族谱已罕见。存世曹氏族谱所录之远祖系唐末宋初人，与曹操时代相距近八百年。加之历史上盛行冒姓、赐姓、改姓、认领养子、伪造谱牒之风，因此利用现存族谱寻找曹操后裔几无可能[②]。

2010年8月，方北辰对韩昇提出的曹腾必然是其祖父曹嵩从本族过继的说法予以反驳，认为韩昇所言“古人的过继原则，都是从宗族中其他家的孩子过继到自家，作为自家的子嗣”过于武断，缺乏证据[③]。其后继续有学者撰文对曹操与夏侯氏家族的关系进行了论证，认为曹操一族源自曹氏本家之说存在诸多疑点，而源自夏侯氏证据更充足[④]。这些研究成果分别对韩昇的两个关键结论也就是后续研究基础，提出了质疑，但该课题组相关学者并未进一步发表意见。

2010年6月复旦大学团队发表的文章《从牙齿磨损度推断安徽亳州元宝坑一号墓墓主身份》，通过对元宝坑1号墓出土的一颗臼齿的磨损度判定该墓主人应为50岁甚至55岁以上，同时结合历史文献记载确定此墓主人最有可能是曹休的祖父曹鼎（此文中认为曹鼎是曹操的叔父）[⑤]。这一研究思路和研究结论无论是从考古学角度还是体质人类学角度都有可商榷之处。首先，元宝坑墓葬发掘于20世纪70年代，只发表了简报[⑥]。

① 韩昇. 曹操家族DNA调查的历史学基础. 现代人类学通讯, 2010 (4).

② 朱子彦. 存世曹氏族谱与曹操后裔无关——与复旦“曹操墓人类基因调查的历史学研究”课题组商榷. 上海大学学报(社会科学版), 2010, 17 (3).

③ 方北辰. 曹操墓认定的礼制性误判. 成都大学学报 (社会科学版), 2010 (6).

④ 王胜鹏. 曹操家族血源考论. 四川文理学院学报, 2011, 21 (6).

⑤ 李淑元, 李辉. 从牙齿磨损度推断安徽亳州元宝坑一号墓墓主身份. 现代人类学通讯, 2010 (4).

⑥ 安徽省亳县博物馆. 亳县曹操宗族墓葬. 文物, 1978 (8).

从简报内容看，该墓葬显然被严重扰动过，并且没有记载任何关于人骨的线索。此文章（即推断墓主身份一文）作为研究对象的那颗牙齿，是根据当年考古队员回忆认为出土于1号墓，并且是从杂物堆中找出来的。这种证据无异于前面分析画像石时多次提到的“据走访村民得知”之类的线索，在任何情况下都不可能直接作为考古证据。该文如果能展示盛放这颗牙齿的信封和相关记录（比如信封上的记载文字）也能有一定说服力，遗憾的是只有一颗照片比较模糊的牙齿，没有其他任何支持材料。其次，从体质人类学角度分析，牙齿的磨耗程度不仅与年龄有关，也与其主人的饮食结构、健康状况等有密切关系。在只有单独一颗牙齿、没有其他任何辅助材料（其他牙齿、其他骨骼部位等）支持的情况之下，来断定个体的年龄，这是非常不科学的，也是体质人类学中极为少见的操作。根据作者引用的《牙齿人类学研究在个体和种群鉴定中的应用》中所列标准，第二臼齿磨损程度V级以上的有效年龄范围为55～65岁，最高百分率年龄范围为60岁以上。这是在所有牙齿都正常的情况下推断的。假如研究目标个体有牙病或者其他原因的口腔问题（其他部分牙齿因故脱落等），也能够导致牙质磨耗程度异常——这说明单凭一颗牙齿来判定个体年龄的操作完全缺乏科学性。

此文章看似与曹操DNA研究没有直接关系，但是文章作者机构为复旦大学现代人类学教育部重点实验室，显然也是前述相关科研支撑成果之一，并且在其后续研究中具有关键作用。这从其后的文章中能明显看出。

2011年，该团队分别以中文和英文各刊发一篇文章，声称通过对族谱记载的曹氏后人DNA检测，找到了曹操家族的同时也极可能是曹操的Y染色体单倍型O2-M268[①]。并且曹操的Y染色体单倍型与其自称的先祖曹参的单倍型O3-002611并

① Wang C C, Yan S, Hou Z, et al. Present Y chromosomes reveal the ancestry of Emperor CAO Cao of 1800 years ago. Journal of Human Genetics, 2012, 57 (3): 216-218; 王传超, 严实, 侯铮, 等. Y染色体揭开曹操身世之谜. 现代人类学通讯, 2011 (5).

不一致，说明曹操并不是曹参的后人。至此，所检测的DNA样本均来自族谱记载的曹操后人，作者也只认为这种Y染色体单倍型“极可能是曹操的”。

2013年，相关团队对元宝坑1号墓中“出土”的、据研究属于曹操叔祖父曹鼎[①]的牙齿进行DNA检测，发现其单倍型是O2-M268，与之前发现的曹操家族的Y染色体类型一致。作者进一步分析认为，元宝坑墓主应该与曹操有特别近的血缘关系，曹操的父亲是本族过继的[②]。这一结论同时也以英文刊发[③]。

2016年，该团队对这一系列研究发表总结性成果。在之前研究，包括对家谱记载的曹氏后人DNA检测、元宝坑1号墓墓主身份的判定、元宝坑1号墓墓主DNA检测、曹氏后人DNA与元宝坑1号墓墓主DNA比对等一系列结论的基础上，证明曹操及其后人的遗传类型属于O2-M268+、F1462+、PK4−，也就是说确认了曹操的DNA[④]。至此可以看出，之前发表的一系列研究虽然在当时看不出与曹操DNA的直接关系，尤其是关于元宝坑1号墓墓主为曹操叔父曹鼎的推定，实际上都是为这个研究结论做基础。

在发表这一总结性研究的《人类学学报》同一期上，还同时刊发了葛威的《关于曹姓家族分子人类学研究的几个问题》，对这一结果提出了商榷。葛威从DNA研究结果、之前的考古和历史学基础等方面进行了详细的分析。他认为O2-M268单倍型并非曹操或曹氏家族所独有，同时相关前期结论包括曹鼎身份的判断、曹鼎与曹操关系的判断、“曹鼎牙齿”DNA研究所依据的材料和论证过程在很多方面脱离历史学和考古学背景，其研究的正当性及结论的可靠性都很难让人信服[⑤]。因此，葛威认为复旦大学团队有关曹操的Y染色体可能是O2-M268单倍型的结论对于进一步确认西高穴2号墓的属性意义有限。

① 此处曹鼎的身份又变成了曹操的叔祖父 (granduncle)。

② 王传超, 严实, 姚灿, 等. 曹操叔祖的古DNA结果与曹操后世子孙相符. 现代人类学通讯, 2013 (7).

③ Wang C C, Yan S, Yao C, et al. Ancient DNA of Emperor CAO Cao’s granduncle matches those of his present descendants: A commentary on present Y chromosomes reveal the ancestry of Emperor CAO Cao of 1800 years ago. Journal of Human Genetics, 2013, 58 (4): 238-239.

④ 文少卿, 王传超, 敖雪, 等. 古DNA证据支持曹操的父系遗传类型属于单倍群O2. 人类学学报, 2016 (4).

⑤ 葛威. 关于曹姓家族分子人类学研究的几个问题. 人类学学报, 2016 (4).

此后，复旦大学团队并未对葛威提出的这些问题做出回应，后续也没有再发表与曹操DNA相关的成果。

2. 关键证据的来源之疑

对于中国考古学界，尤其是历史时期考古学者群体，古DNA研究是相对陌生的领域。复旦大学这一团队所做尝试无疑是有价值的，但是这一系列研究中明显脱离考古学和历史学背景的操作，比如元宝坑1号墓墓主为曹鼎的判定（涉及所研究牙齿的可信度）、同一团队在关于曹鼎与曹操关系表述中出现的明显矛盾之处等，使其研究结论很难让人信服。

这一研究的设计思路可以描述为两条腿同时走路：一方面，历史学者论证曹操后人尚存世间、曹操并非夏侯氏后裔、现存曹氏族谱可信，同时论证元宝坑1号墓墓主为曹鼎，证实其与曹操的关系（但是在关于曹操与曹鼎关系方面，团队内部学者出现明显分歧）；另一方面，基因学者分别对根据族谱推定的曹氏后人DNA进行检测，再对元宝坑1号墓墓主的DNA进行检测。最后再将两个方面的成果结合，最终认定曹操的DNA。第一项成果《曹操家族DNA调查的历史学基础》是后面所有研究的基础，得出后续相关研究的可信性和合理性，关于曹鼎身份的判定则是其中最关键的一环——判定曹鼎身份之后，就使得前期对族谱记载的曹氏后人的DNA检测结果有了直接比照对象，从而才能验证这些族谱记载的曹操后人是否与曹操家族有关。如果没有“曹鼎”这个比照对象，则前期的DNA检测结果是没有任何说服力的。

关于曹操和夏侯氏家族的关系、现存曹操后裔族谱是否可信等问题属于历史研究范畴，不同学者对文献的理解方式存在偏差，出现不同认识是学术研究的正常现象。因此不能仅以这方面的学术分歧来否定后续相关研究的可行性。

对于元宝坑1号墓墓主身份的判定则是一个考古学问题，在此前并没有任何学者将此墓与曹鼎联系起来。这个问题与所谓的夏侯惇陪葬高陵有相似之处——在此前从未有任何文献或者民间传说暗示夏侯惇陪葬于高陵，但是曹操高陵考古发现之后突然出现很多人认为夏侯惇必然陪葬高陵。李淑元等判定元宝坑1号墓墓主为曹鼎也是突然出现的一个新观点，其唯一依据就是根据一颗来源不详的牙齿判断出的年龄，并且其对曹鼎去世年龄的推断也是语焉不详。如葛威所指出，“连续使用‘如果’‘估计’‘可能’等语气副词，表明作者对这种推导并没有多大把握”。但是就这样一个作者自己都明显没有多少把握的推导结论，却成了关于曹操DNA研究的关键一环。

历史考古研究结论与DNA研究结论最终结合的关键，也就是两条腿走的路最终能够得以汇合到一点的关键要素，即为元宝坑1号墓墓主遗骨，也就是那颗据称是从杂物库房中找出来的牙齿——曹鼎身份的判定、曹鼎DNA的提取都是依赖这个关键证据。前述葛威的文章中对于这一关键证据来源的质疑比较全面，也比较深刻。但是还有一个更加致命的问题没有引起关注。

李淑元、李辉所作《从牙齿磨损度推断安徽亳州元宝坑一号墓墓主身份》一文中只提到“据他（当时参与发掘的考古人员）回忆说曾在元Ⅰ墓（即元宝坑1号墓）中发现过牙齿，并放一信封中”，并且后来“最终找到了那个信封和其中的牙齿”，其后附有牙齿的照片（文中图1）。文中并没有说明发现牙齿的具体数量（简报中也没有记载），但是根据上下文的意思，这里发现的很可能就只有这一颗牙齿。根据图片上的牙齿形态判断，这可能是一颗第二臼齿，齿冠基本磨蚀，齿质暴露，并有部分齿腔暴露（图14）。

2013年王传超团队发表的《曹操叔祖的古DNA结果与曹操后世子孙相符》和2016年文少卿领衔发表的《古DNA证据支持曹操的父系遗传类型属于单倍群O2》这两篇文章中所用的元宝坑1号墓牙齿则完全是另外一种情况。根据两文中的图片（序号都是图1）观察，这是一颗单根牙，根据形态判断可能是下颌的前臼齿，从照片角度看牙冠和牙根都保存较好（图15）。这枚牙齿样品和李淑元所分析的样品根本不是同一件，但是在两方面的研究中显然都是分别作为元宝坑1号墓墓主的遗骨，也就是这一系列研究的关键证据。这座墓葬的遗骨真实情况究竟如何，直接影响到上述这两项研究的可信度。

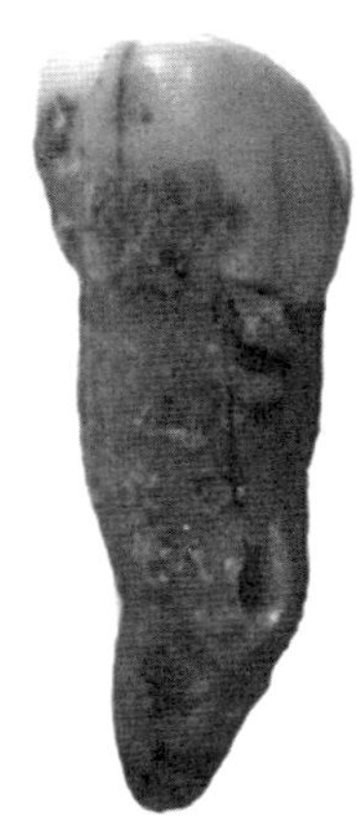

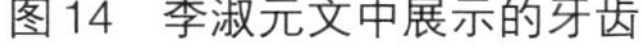

图14　李淑元文中展示的牙齿　　图15　王传超文中展示的牙齿

前面已经提到，从元宝坑1号墓发掘简报内容看，该墓葬被严重扰动过，并且没有记载任何关于人骨的线索。李辉及其博士生于2014年在《大众考古》发文介绍这一课题时，提到“从位于安徽亳州的曹氏宗族墓群中找到了一枚曹操叔祖辈曹鼎的牙齿，进行了后续的古DNA提取研究”[①]。这里究竟是

① 黄韵之, 李辉. 曹操是谁? 我们是谁?. 大众考古, 2014 (1).

只有一枚，还是多颗牙齿中的一枚，并没有交代清楚。而前述李淑元文章中的意思似乎表明信封中就只有一颗牙齿，即那颗磨耗严重的第二臼齿。如果有其他牙齿同时发现，理应同时展示，以增加其年龄鉴定结果的可信度。

关于出土人骨情况，并无其他书面发表的材料可供参考。但是2013年12月6日中安在线（www.anhuinews.com）网站刊登了一篇名为《亳州博物馆名誉馆长回忆抢救发掘曹操宗族墓情况》的文章，文中详细记载了复旦大学学者到亳州寻找曹氏宗族骨骼样品的过程和收获，可以作为参考。此处亳州博物馆名誉馆长即为当年主持元宝坑墓葬发掘的李灿。为了便于理解，将相关部分原文复制如下：

> 复旦研究人员在市文物处的帮助下，再次挖开了曹四孤堆附属墓，即豫州刺史曹水墓，结果一无所得，空手而回。后来笔者（指李灿，下同）才知道这一情况，因是当时发掘主持人，经反复思考，曹氏宗族8座墓葬中，董园1号墓仅剩下一根腿骨，没有保留；2号曹腾墓无遗骨；马园曹宪墓有部分遗骨，但已腐朽如泥，无法取出；袁牌坊各墓也无遗骨发现；唯元宝坑会稽曹君墓内好像出土一颗头骨，记不清了。经反复回忆，记得这头骨属男性，年龄五十岁左右。笔者曾经叫两位助手，侯香亭和谢书壁把头骨带回博物馆保存。侯香亭同志已去世多年，谢书壁回忆好像放库房有牙慧，记不得那（哪）墓出土的了。
>
> 市博物馆文物库房保管部主任马艳茹查遍库房，保存无头骨。后来发现了保存的数枚牙齿，经笔者鉴定是谯城区柴家沟战国墓出土。经多日的努力，马艳茹找到了一枚不显眼的陈旧小信封，内有一颗牙齿，封面有注

标。笔者赶到仔细一看信封是“文革”前期县委印制的，纸张十分粗糙，我们当时博物馆曾保存有这种信封，封面有一行字，熟悉的字体立刻映入我的眼帘。侯香亭的墨迹写着：**元宝坑墓头骨前臼齿一颗**。不禁令我拍案叫道：“找到了！”虽然只有一颗牙齿，却是无价之宝。笔者当时安排，他们没有照办，侯香亭只拔了一颗牙齿，头骨被丢弃了。

从这段记载中可以看出，首先这颗信封里的牙齿并不是李灿亲手保存，两位直接相关人员一位去世，另一位记不清是哪个墓出土的，这一基础线索已经模糊。即使当时找到的确实如信封上文字所记载，是元宝坑1号墓出土的牙齿，李灿也多次强调只有一颗，并且信封上写的是前臼齿。那么李淑元等开展年龄鉴定并推断墓主身份的那颗磨损严重的第二臼齿之来源就出现了疑问，其年龄鉴定结果以及据此判断的墓主身份等结论都失去了成立的基础。作为所有研究基础材料的牙齿出现这种问题，就使得其历史考古研究与DNA研究结果结合的基础完全崩塌。

如果说之前对其所用材料的质疑是基于其考古背景信息不清，这里通过对比不同文章中出现的两颗不同牙齿，加上李灿回忆的内容，完全可以怀疑其基础材料根本来源存在严重问题，而不仅仅是考古背景的疑问。至此，我们不仅要质疑该团队研究结果的可靠性，更要质疑这项研究的动机和学术诚信。

通过对这一系列围绕曹操及曹氏后人DNA开展的历史学、考古学和基因学研究，我们发现其中最关键的一环，即衔接现代人群DNA检测结果与古代曹操家族的环节，在材料的来源上存在明显的问题。用于鉴定年龄并推断曹鼎身份的牙齿和用于检测曹鼎DNA的牙齿是完全不同的牙齿，并且用于鉴定年龄的样本来源是十分可疑的，另一颗（如果确实是来自博物馆）的考古背景信息也缺乏可信度。因此基础材料是完全无效的，如此则其前后研究成果就完全失去了衔接基础，其最后得出的曹操DNA的结论也就没有任何可信度。

将分子生物学与历史学和历史时期考古学结合显然是一项非常有意义的尝试，可能会为今后相关学科的发展带来变革性的影响。但是从围绕曹操及其后人DNA开展的研究中我们可以看到，分子生物学者对于考古学科的研究方法显然并不熟悉，尤其是对考古材料的运用存在明显的误解。尽管也有安徽亳州博物馆的考古专业人员参与了此项研究，但是似乎并没有为分子生物学者在考古材料的运用方面提供必要的建议，也没有注意到相关研究在基础材料方面出现的致命缺陷。

这一团队学者不仅在曹操和曹鼎两人的关系方面存在明显分歧，甚至在基础材料信息方面也存在明显的矛盾现象。而基础材料的来源不明，直接推翻了此前建立起来的一系列证据体系，并否定了最后结论的价值。

3. 思考

据复旦大学基因学者介绍，基于Y染色体绝大部分是从父亲遗传且缺乏重组的原理，可以通过研究历史人物现存后代的Y染色体来揭示历史人物之间的父系关系，并且近年来在国际上有很多成功案例，比如美国第三任总统托马斯·杰斐逊私生子的认定，犹太祭司、成吉思汗和路易十六遗传类型的推断等[①]。事实上，这些案例并非都是成功的，而且与曹操案例之间有明显差别。

利用DNA对托马斯·杰斐逊私生子的认定至今仍然不是

① 王传超, 严实, 侯铮, 等. Y染色体揭开曹操身世之谜. 现代人类学通讯, 2011 (5); 文少卿, 王传超, 敖雪, 等. 古DNA证据支持曹操的父系遗传类型属于单倍群O2. 人类学学报, 2016 (4).

一个定案。该研究团队在1999年发文承认其1998年的文章标题（“Jefferson fathered slave’s last child”，杰斐逊是其奴隶最后一个孩子的父亲）是具有误导性的（misleading）。其研究结果只能表明跟参照组的卡尔兄弟相比，杰斐逊更有可能是奴隶孩子的父亲，而他的弟弟兰道夫·杰斐逊家中的男性也可能是那个奴隶孩子的父亲[①]。也就是说，只能确认杰斐逊家族的男性与这个孩子存在血缘关系，但是单靠DNA不能确定这个孩子的父亲是其中具体某一个人。故DNA证据并未给该问题的争论带来普遍认可的结论。

关于犹太祭司的研究证实了祭司家族可以跨域3300年追溯到一个共同的父系祖先[②]；成吉思汗家族的研究发现了可能属于其家族的Y染色体基因组，并且提出了哈萨克斯坦的克里家族可能是其后裔[③]。而路易十六的相关研究直接证据分别来源于疑似路易十六的血迹和其后裔亨利四世的头颅[④]。这几个目标家族都具有各自特殊性：犹太祭司家族、法国国王家族等，各自的沿袭继承都有着严格制度，并且有详细记载。成吉思汗后裔虽然记载没有那么详细，但是由于年代不是很久远，在历史上也是有迹可寻。即便如此，这些研究也没有明确指出依据目前的数据可以证实某一个人的具体身份。

DNA分析运用于考古和历史研究中，一般是先有研究对象，并且根据考古信息或者文献证据对其身份有一个假定，然后利用DNA证据来验证这个假设是否成立。同时对于缺乏背景和身份信息的研究对象，可以通过DNA分析来推断其人群族属信息。外国基因学者也认为，对于著名的历史人物，基因证据能够为寻找其后代亲属提供线索，但是完全确认他们的亲缘关系却是个问题，无论是现代的还是古代的[⑤]。换言之，即基因研究能够验证某一群个体是否与某一著名历史人物之间存在联系，但是并不能确定他们就是直系后裔，更不

① Foster E A, Jobling M A, Taylor P G, et al. Reply: The Thomas Jefferson paternity case. Nature, 1999, 397 (6714): 32.

② Skorecki K, Selig S, Blazer S, et al. Y chromosomes of Jewish priests. Nature, 1997, 385 (6611): 32.

③ Abilev S, Malyarchuk B, Derenko M, et al. The Y-chromosome C3* star-cluster attributed to Genghis Khan’s descendants is present at high frequency in the Kerey clan from Kazakhstan. Human Biology, 2012, 84 (1): 79-89.

④ Charlier P, Olalde I, Solé N, et al. Genetic comparison of the head of Henri Ⅳ and the presumptive blood from Louis ⅩⅥ (both Kings of France). Forensic Science International, 2013, 226 (1-3): 38-40.

⑤ Yang D Y, Speller C F. Technical tips for obtaining reliable DNA identification of historic human remains. Technical Briefs in Historical Archaeology, 2006 (1): 11-15.

能确定其辈分关系。

相比其文章中列举的这几个外国案例以及它们的结论，复旦大学团队的研究设想无疑是非常前卫的。首先在于其研究对象：曹操家族在汉魏时期固然是盛极一时的大家族，但是自司马氏篡位之后就失去影响。即便是如韩昇所说并未被灭门，在魏晋时期仍是官僚门第，在其后的近两千年中也未见产生重要影响。更重要的是，并没有任何客观证据来证明其家族的一支或者几支一直延续下来。现存曹氏族谱记载的最早先祖生活年代（唐末宋初）与曹操生活年代之间相差数百年，这数个世纪中的缺失环节几乎是没有任何文献证据（历史文献或者出土文献如墓志等）可以弥补的。这与复旦大学学者介绍的几个外国案例完全不同。

其次其研究思路并不是直接对比，而是间接比较。首先验证某一对象（曹鼎）与族谱记载的后人之间的DNA关系，然后再根据曹鼎与曹操的关系推断出曹操的DNA特征。这中间有三个不确定要素：第一，根据族谱记载和DNA检测结果筛选出来的曹氏家族DNA存在不确定性，如葛威指出O2-M268在中国汉族中的分布概率大约为5%，并非曹操或曹氏家族所独有，而是分布于不同的民族、姓氏和家族中[①]。第二，曹鼎身份的不确定性，这在葛威的文章中已经有详细分析。而本章介绍的研究材料来源所存在的致命缺陷，说明元宝坑1号墓墓主为曹鼎的推论不仅仅是不严谨，可以肯定地认为完全缺乏成立的基础。第三，曹操与曹鼎关系的不确定，不仅历史文献记载混淆，相关团队学者内部也存在互相矛盾之处（不同文章中分别有叔父和叔祖父两种说法）。这种间接对比实际上是一个单线串联的证据链，任何一个环节的失效都会导致其最后结论出问题。而此处列举的三个不确定性因素说明其没有一个环节是具有可信度的。

① 葛威. 关于曹姓家族分子人类学研究的几个问题. 人类学学报, 2016 (4).

最后，我们必须要承认分子生物学运用到历史及历史时期考古学研究中的巨大潜力和重要价值。基因专家介入关于曹操身份的研究中，是中国考古学史上分子生物学首次参与到历史时期考古研究中，使得考古学者有机会了解这一相对神秘的陌生领域，在中国考古学史上也是具有里程碑式的意义。

但是围绕曹操DNA开展的这一系列研究也使我们看到，将其成功运用在这些学科中并不是如基因专家所描述的那么简单，仍然具有很大的挑战。至少目前来说，围绕曹操开展的这个案例是不能称之为成功的，其中反映出来的问题值得深思。

第八章 曹操高陵研究中的学术规范

1. 曹操高陵讨论中的学术规范问题

在2010年以来的曹操高陵相关讨论中，袁济喜提出“考古不仅是一个专业问题，还牵涉到共同的学术规范，而这些学术规范是适用于任何一个学科领域的”[①]。在不同领域的学术研究中，一条共同的规范应当是用证据说话，并且有“孤证不立”的说法，也有学者称之为学术铁则[②]。

在网络新媒体，尤其是自媒体平台蓬勃发展的现代社会，学术问题的讨论平台和方式也不可避免地受到了深刻影响。在2010年的大讨论中，网络媒体上完全呈现“一边倒”的舆论现象，网络搜索“曹操墓”所得到的数据结果说明有很多人通过网络关注此事并发表评论[③]。但是，并非所有公开见诸各类媒体的文章、报道、观点等都可称之为学术讨论，这就需要对相关学术规范问题进行一些探讨。

先举一个案例。2020年初在中国面对新冠疫情的时候，曾经一度在网络媒体上爆出双黄连口服液具有抗新型冠状病毒的功效，很快各方面专家都纷纷指出其不科学性。其中厦门大学附属翔安医院重症医学科主任医师李克向在接受“知识分子”平台采访时表示：“既没有实验数据释放出来也没有临床数据，隔空释放消息，我是不会信的！所谓隔空就是不在正规学术刊

① 柳霞. 中国人民大学国学院副院长袁济喜: 任何人都有质疑考古结论的权力. 光明日报, 2010-1-5 (3).

② 唐启翠. 一个学术铁则: 用证据说话. 北京日报, 2013-11-4 (16).

③ 何丽. 探析“曹操墓”事件中的舆论一边倒现象. 中国研究生, 2010 (9).

物发表，而是所谓媒体。”[①]这一句话看似与本研究的主题无关，但是却点明了一个非常重要的问题——无论在任何学科领域，正常的、合理的学术讨论应该是在正规学术平台上进行，而不是在媒体上“隔空释放消息”。因此在当今环境下，共同的学术规范还应当增加这一点：在正规的学术平台开展讨论。这个问题在当时的曹操墓相关讨论中并未引起注意。

本书第三章开始研究综述之前就已经说明，为了保证既能够全面展示不同的研究观点，又能够保证文献来源的科学性和可靠性，只考虑在专业学术期刊或者权威报刊上发表的文章及公开出版的著作。对于那些在各类网络媒体、地方报纸等平台发表的内容不予考虑。进行这样的取舍并非因为个人的观点倾向，而是考虑学术规范问题。下面列举几个详细案例来展示这种“隔空释放消息”式的“讨论”是如何违背了基本的学术规范。

例如，林奎成2010年8月22日在凤凰网发文称“魏武王常所用”石牌是伪造的，虽然洋洋洒洒数千字，其基础证据是——曹操生前死后，从来就没有过“魏武王”的称号，且“遍检史书，无一例证”，因此必然是伪造的。类似这种“凡是史书未记载就必然为造假”的逻辑一度从者甚众，在当时的各类媒体上比比皆是。其后至今十年间，也并未见这位先生在任何学术期刊上发表正式文章，并列举出翔实的论据来讨论这个问题。说明他的观点很显然只是一种情绪化的表达，本来就没有任何依据。考古学本身就是一个探索未知的学科，通过考古发现来补正历史的案例更是层出不穷。用“史书未见记载”这样的伪证据来否定一个考古发现，这种观点只基于一个简单的逻辑（或可称为“流氓逻辑”），没有任何实际的证据，根本算不得学术观点。因此也只能在网络媒体上发表，上不了任何学术平台，故不能算是学术讨论，其观点自然也不能算是学术观

① 邸利会. 半夜药叫: 双黄连“治疗”新冠病毒? 当事院士试图澄清. http://www. zhishifenzi.com/innovation/depthview/8167?category=depth.

点，不值得考虑。

再如2010年1月7日，四川在线-华西都市报发文称四川学者钱玉趾表示"'曹操墓'或是大臣常林墓"。其所谓的证据乃是"常所用"的常字可能就是常林之姓，常所用即为常林所用——这显然属于低级的文字游戏，忽略了所有的考古和历史背景材料。目前在百度搜索"安阳　常林墓"的结果是4万多个，谷歌搜索的结果是400多万个，可见其影响之广泛。但是，在钱玉趾2010年[①]和2012[②]年度分别正式发表的两篇质疑曹操墓考古结论的学术文章中，根本没有提常林的这一说法。据此我们有理由认为一种可能是在接受采访时随口一说，但是媒体对其原意进行了夸张；另一种可能是该想法在当时有，但是后来很快发现并不严谨，因此在学术文章中并未表现出来。无论具体是何种情况，媒体上显然已经将这当成钱玉趾的代表性观点之一，并且大张旗鼓地将之强行加入相关讨论活动中并造成了很大的影响。

① 钱玉趾. 认定"曹操墓"证据的辨析. 文史杂志, 2010 (3).

② 钱玉趾. "魏武王常所用"石牌应是假牌——兼论西高穴墓定为曹操墓证据不足. 文史杂志, 2012 (1).

这两例选择网络平台而不是正规学术期刊发表观点的情况，正是前述李克向医生所说的"隔空释放消息"，显然是不符合学术规范的。因此他们的观点虽然一度在社会上产生了很大的影响，但是完全不能算是学术观点，也就不宜纳入学术讨论的范畴。

虽然学术平台的多元化、引文来源的多样化是新媒体时代学术研究不可避免的变化之一，但是并不意味着任何信息都可以不加筛选地作为学术讨论的证据。如同引用历史文献也要辨别其版本和出处一样，引用正规学术期刊著作等来源之外的材料首要的就是要辨别其可信度，不能单纯为了达到自己的论证目的而不顾材料的可信度。这在关于曹操墓的讨论中也是非常明显的现象。

以曹定云对卞后墓葬问题的研究为例，他认为卞后合葬于西高穴2号墓中，骨骼鉴定年龄与文献记载卞后去世年龄之间的差异是不同鉴定者的结论差别造成[①]。文中引用的材料，如“中国社会科学院考古所王明辉与张君鉴定的年龄为50岁左右；而吉林大学朱泓教授根据头骨上骨缝的愈合程度，认为在60～70岁，但根据牙齿磨损程度，其年龄又在40多岁”等，并未见于任何正式发表的成果中，而是来自考古工作人员的新浪博客文章。而博客文章的作者所正式发表的相关成果中，并未见引用类似信息。将自媒体文章的信息作为学术研究的论证依据，这显然是不妥的。

前面在分析曹操高陵有关画像石、“石棺床”等问题时，也多次提到有学者将“据走访村民得知”这样的内容作为考古证据，使得证据的背景和面貌变得更加复杂。如果说上述引用自媒体或者媒体报道的内容尚有源可溯的话，这种道听途说的信息则更显轻率，进入考古证据群尤为不妥。

即使是以白纸黑字的纸媒文章发布的各种“专家意见”，其可信度也需要仔细斟酌。仅举两例说明。一是在关于曹操墓中两名女性身份的讨论中，梅铮铮质疑年长女性为曹操的“女侍卫”之说，这一信息的来源是《华西都市报》2009年12月31日的报道[②]（实际上这个消息最早是大洋网-广州日报于12月30日发布[③]）。“女侍卫”这一说法的来源是“据河南省文物考古队专家尚金山介绍说”。事实上此处的尚金山并非河南方面考古专家，只是参与发掘的技术人员之一，从其介绍的内容来看也完全属于个人揣测，没有任何实际证据。这样的臆测就被媒体当作“专家观点”，影响了大批并不了解详情的公众甚至部分学者。

2010年1月4日，郑州晚报用A3版整版发文《专家称曹操墓中一“佳人”中毒而死》[④]。此处所指的专家是“河南省文物考古研究所一位知名的考古专家”，并且“他干考古工作快30

① 曹定云. 论曹操墓中的卞太后. 中原文化研究, 2016 (4).

② 梅铮铮. 读曹操《遗令》兼论曹操高陵及相关的问题. 成都大学学报 (社会科学版), 2010 (6).

③ 邱瑞贤. 专家回应曹操墓质疑称亲手发掘魏武王石牌. http://news.sina.com.cn/c/2009-12-30/040719364223.shtml.

④ 张锡磊. 专家称曹操墓中一“佳人”中毒而死. 郑州晚报, 2010-1-4 (A3).

年了”。但是自始至终没有提这位“专家”的姓名，这与“据走访村民得知”的线索属于一个类型，完全没有可供查询的线索。但是这一消息很快也变成“专家观点”并被广泛传播。

在关于曹操墓的讨论中，与此相似的案例不胜枚举。有媒体学者统计，在2009年12月27日至2011年6月10日的361条关于曹操墓的媒体报道中，综合分析加工其他报纸消息而不进行任何采访的新闻数量占到20%，引用其他媒体的报道和不说明采访方式的报道总数超过52%[①]，表明半数以上的媒体消息来源是可疑的。这种消息的来源大多是以“据周边村民说”“考古队专家介绍”“知情者告诉本报记者”等形式出现，然后在媒体上摇身一变成为“专家说”，显然不能称之为学术观点。当这些“伪学术观点”接下来再经人不加斟酌地引用到其他媒体文章中，或者正式发表的学术文章中，这无疑又是再一次地违背学术规范，并不能有助于学术讨论的进步，只能使整个讨论局面更加嘈杂，影响了真实信息的传播。正是这些“伪学术观点”的加入和传播，使一场本该是有条有理的学术讨论变成了一场舆论纷争，使真正专家学者的学术观点被淹没和忽略，而各种缺乏科学论证甚至离谱的观点大行其道，影响了公众对这一考古成果的真实认知。

剔除这些“伪学术观点”之后，我们看到的是另一个局面。在第四章对质疑观点的综述之前，我们先对各类学术文章数量进行了简单对比，很清楚地看到在学术研究领域实际上是另一种“一边倒”的现象——在学术期刊上公开发表质疑观点的学者数量、文章数量都是绝对劣势。这并不是说学术期刊有意偏袒一方观点而对投稿加以过滤。质疑观点在《光明日报》《成都大学学报》《文史杂志》《汕头大学学报》《探索与争鸣》《天中学刊》《中国考古学会第十四次年会论文集》等不同类型的权威报纸或者学术期刊上都有刊发，甚至在安阳当地主

① 熊英. 试论消息来源对媒体再现客观事件的影响——以曹操墓新闻报道为例. 郧阳师范高等专科学校学报, 2012 (2). 作者注：新闻发布会时间为2009年12月27日，引文误为12月17日。

办的《殷都学刊》上也发表了黄震云的质疑文章。这充分说明学术平台是开放的，发表渠道是开放的。至于为什么在网络上“一边倒”的质疑声音到了学术平台上变得微弱，很直接的原因就是绝大多数质疑者并没有遵循基础的学术规范——用材料说话，因此其观点也就不能称之为学术成果，经不起讨论，自然就没有登上学术平台的资格。不在学术平台上开展的讨论，显然也不能称之为学术讨论，因此也没有予以回应、讨论，甚至辩驳的必要，这也是多位考古专家一开始就表明的态度。

在为数不多的可以称之为学术讨论的质疑观点中，西高穴大墓主人应是后赵石虎的说法尤为特别[①]，有必要做一些补充分析。如在综述部分介绍，《安阳大墓主人应是后赵石虎》一文完全忽略了基本的考古和历史背景，属于抽出部分文字另行拼合的反常做法，在方法上是错误的。但是这位学者最起码遵循了基本的规范之一：在正规学术期刊上发表观点。相比绝大部分质疑学者只能在媒体上侃侃而谈而在学术平台上不见只言片语发表的情况，这位作者的态度无疑是值得尊重的，尽管其观点并无可取之处。

① 杨光. 安阳大墓主人应是后赵石虎. 汕头大学学报 (人文社会科学版), 2010 (6).

用材料说话、在正规学术平台开展讨论，这应当是现代社会任何一个学科都应当遵循的基本学术规范。而在激烈的曹操高陵相关讨论中，尤其是在持质疑观点的阵营中，基本学术规范的缺失现象是很严重的。因此才会导致质疑声音在媒体上声势浩大、在学术平台上微不足道的截然不同的局面。

2. 曹操高陵讨论中的不科学思维方式

通过对近十年来曹操高陵相关研究的各种观点，包括支持、质疑和中立三个方面进行梳理之后不难发现，有几种不科学学的思维方式在这场学术辩论中表现得非常突出，尤其是在各种质疑观点中。在此进行简单梳理，希望能够为以后的相关学术研究和讨论提供一些有益借鉴。

第一种是片面强调文献记载。在这场讨论中的具体表现形式就是坚信文献记载是衡量考古结论对错的唯一标准，凡是文献没有记载的就不合理，必然为假。由于其所有论据都是来自文献（包括历史文献、出土文献等），这种思维方式引导下的讨论也只能是围绕文字类材料开展。

具体到关于曹操墓的讨论中，从“魏武王”到“挌虎”，从“常所用”到“黄豆”，再到“魏”“武”字的字形写法等，无一不成为这种思维方式引导之下攻讦的对象。简单粗暴者，在各类媒体平台上言之凿凿，称查遍各类文献未见相关说法，或者在汉魏时期未见相关名称，或者某字与同时期其他地方所见写法不同，然后就得出结论——必然为假。在前面讨论学术规范问题的时候列举了林奎成在媒体上质疑“魏武王”石牌造假的例子，是典型案例之一。稍有水平者，将这种观点发表到学术期刊，如“无论对1.8亿字的北大语料库中古代汉语语料库进行检索，还是对17亿字的中国基本古籍库进行检索，均未发现在东汉末之前的文献中存在‘常所用’单独连用的语例”[①]，或“笔者又梳理近50年东晋新出土的墓志校勘排比，得出的结论：在后赵胡人统治下的河南安阳几十年间，历史上并没有也不可能有墓志的出现”[②]。看似皆言之有据，实际上都没有跳出这种唯文献论的怪圈。

在面对考古问题时，这种唯文献论得出的观点尤其显得脆弱。首先文献本身就是撰写者对历史事件进行主观性、选择性处理之后的产物，并不一定能真实地、全面地记载所有历史细节。而考古学的本质在于研究未知的古代遗存[③]，并且由已知来推未知。考古学家所面对和揭露的遗存相对于既有的认识

① 刘斐. 曹操墓石牌中“常所用”商榷. 天中学刊, 2012 (1).

② 李路平.《鲁潜墓志》河南伪造. 书画世界, 2010 (141).

③ Trigger B G. Beyond History: The Methods of Prehistory. New York: Holt, Rinehart and Winston Inc., 1968: 1-5.

来说都是未知的，没有任何一个考古发现的所有细节（包括文字、遗物等）都能够在相关文献中找到对应，但这并不能否认考古学家对其年代和性质做出判断。这种唯文献论不仅仅否定了当前的曹操墓考古结论，甚至可以说否定了考古学科的基本研究思路。

当然，唯文献论的支持者绝大多数时候在考古问题上是没有发言机会的，因为并不是每一处考古遗存都有文字发现。在得到机会时，比如曹操墓的发现，表现尤为激烈——在大量文献信息化的今天，检索数十亿字的古代文献库也只需要数十分钟，因此一个观点的得出如同信手拈来般容易，其所谓的论据也就只需要在文献库中复制粘贴即可。

第二种不科学思维方式是过分强调个人经验，与前述“唯文献论”的不同之处在于它所依据的核心是个人经验认识。具体到考古问题方面，它显得比“唯文献论”更具有迷惑性——因为它所依据的是个人对以往考古材料的理解和认识，建立在考古材料分析的基础上，运用了考古学的分析方法，因此也更具有学术色彩和影响力。

持这类思维方式的学者一般具有一定的考古知识，能够从考古学的角度去分析和思考问题。例如，在关于曹操墓的讨论中，对于墓葬形制、墓葬规模的质疑都属于此类。质疑者能够根据以往的考古资料对汉魏时期贵族墓葬和形制得出一定的认识，做出自己的判断，并根据自己的认识对曹操级别的贵族墓葬情况有一个预期性判断——不符合自己预期的，那么结论就不能成立，更有甚者就直指为造假。

诚然，前面说过考古学是根据已知（即已有的考古发现和结论）去推未知，经验在考古研究中具有很重要的作用。需要注意的是，考古研究中用作依据的经验是在大量考古材料基础上总结归纳出来的、被广大学者普遍认可的成熟认识。例如，汉代的普通墓葬已经发掘研究了数千座，考古学界对于不同时期不同地区的墓葬特征都有了相对成熟的认识，据此对某座墓葬年代做出的判断显然比较可信。而在关于曹操墓形制和规格的讨论中，质疑者忽略了一个重要的问题，由于东汉晚期和曹魏时期年代明确、身份明确的贵族，尤其是诸侯王级别的墓葬资料并不多，以往对于这一时期高等级墓葬的认识并不充分。曹操墓在形制规模上表现出的许多新特征是在以往极少甚至是没有见到的，比如宽大的带台阶墓道、数量众多的刻铭石牌等。在这种情况下，首先要思考的是以往的经验和认识是否足够成熟到可以对新发现的现象进行准确判断。在以往成熟经验不足的情形下，不同学者可能对这个考古现象产生不同认识，这是正常的。但是因此而直接否定眼前的考古新发现则显得操之过急，至于在此基础上再得出“造假”的结论则是更加荒谬。

后来随着曹休墓，尤其是洛阳西朱村曹魏大墓的陆续发现，这一特殊时期贵族墓葬的形制、规模和随葬品特点等信息逐渐丰富。在此基础上，如果再发现一座类似墓葬（比如第六章介绍的陵园东北部的墓葬），对其年代和级别就能够有一个相对准确的判断，并且不会再有太多争议。此前因为“以往考古未曾发现”或者“以往考古材料反映的现象并非如此”而否定曹操墓之规格和年代特征的观点，其武断和不合理之处就非常清晰了。

第三种不科学思维方式是过分强调考古材料与文献记载的逐一对应，具体到这个讨论中，就是要求考古证据必须与文献记载天衣无缝、完美吻合。这种思维方式本身就面对两个陷阱：首先，文献本身就是撰写者对历史事件进行主观性、选择性处理之后的产物，并不一定能真实地、全面地记载所有历史细节，这在分析“唯文献论”中已经提到过。而考古学面对和发现的遗存本身也是碎片化和片段化的信息。理想的状况下，文献记载指导考古学者对未知遗存进行分析判断，考古遗存信息再指导历史学者对文献进行去伪存真，并补充新的信息。让考古发现去完美地匹配文献记载，再加上个别人对于文献记载内容的曲解或者片面理解，本身就忽略了文献和考古资料的特性，是难以实现的。

在曹操墓的讨论中有这样几个典型的案例。第一是关于“无藏金玉珍宝”的理解：质疑者对此理解就是不允许有任何金银珠玉之类的器物随葬——因此只有不发现任何金银玉器才能与文献完美契合，才能是真正的曹操墓。刘瑞指出“无藏金玉珍宝”只能代表曹操本人的一种言辞和态度[①]，即并不能反映真实的丧葬活动特征；韩国河认为曹操葬礼规格无论如何都应该符合王一级的基本礼仪规格[②]；李梅田也指出，对于曹操墓来说无论葬礼如何简省，其随葬物品种类和丧仪仍然是要符合其尊显身份的[③]。简言之，当时身为魏王的曹操无论如何表达自己“薄葬”的意向，其子曹丕也不可能为其安排一个极为寒酸的葬礼。即使“敛以时服”，贵为魏王的日常服饰冠冕上也不可避免地会有一些金银珠玉装饰。事实上墓中发现的金银玉器等也多是衣物上的装饰，在汉代墓葬中并非罕见之物，与一般意义上代表财富的“金玉珍宝”显然不是一回事。

① 刘瑞. 曹操高陵四题. 中国社会科学报, 2010-1-19 (4).

② 韩国河. 安阳西高穴曹操高陵的“多面性”解析. 光明日报, 2014-6-18 (14).

③ 李梅田. 曹操墓刻铭石牌名物小考 // 中国人民大学北方民族考古研究所, 中国人民大学历史学院考古文博系. 北方民族考古 (第1辑). 北京: 科学出版社, 2014.

另一个案例就是围绕“金玺”“石室”“卞后”“陪葬墓”等展开的质疑。部分学者认为，既然是曹操墓，那么考古发现的遗存必须要与文献记载中的高陵各种线索一一完美对应，缺一不可。

白云翔指出，判定西高穴大墓的墓主身份为曹操，也是依据河北满城汉墓、徐州龟山汉墓、广州象岗山汉墓、徐州狮子山楚王墓和北京大葆台汉墓等同样的科学方法，通过时间要素、空间要素和特定要素的分析以及这三个要素的互补互证得出结论[①]。这里列举的诸多判定墓主身份的案例表明，只要有了时间要素、空间要素和特定要素三个关键证据，墓主的身份基本都可以断定。诸如文献中记载的“金玺”“石室”“卞后”“陪葬墓”等，并不属于确认墓主身份的三个关键要素之一。如果能够发现，自然更加丰富了考古发现的内涵（事实上很多线索已经逐步发现）；如果不能发现，也不能否认之前确认的墓主身份。王子今早在相关质疑出现不久就指出，在考古现场对发掘对象性质的推定应该有一定宽容度，不是必须要有百分之百确证[②]。这点也可以理解为，不能机械地要求考古发掘对象与文献记载的各种线索百分百对应。

这里把曹操墓相关研究中的一些非正常研究思路总结归纳为三种，目的是简洁明了地描述它们的不合常理之处。显然，这些思路在一般的考古问题讨论中并不会出现，因为大多数考古材料并没有太多的文字内容，同时绝大多数考古发现的人物对象在历史文献中并没有留下只言片语——因此这三种非正常思维方式的任何一种都不具备施展条件。而到了曹操墓这一考古案例，由于所涉及人物本身的知名度、墓葬中出土大量文字材料、历史文献中又有相当数量的相关文字记载，它们才得以纷纷出现，对正常的研究氛围造成严重影响。当然，这也是一个极为难得的机会，使得我们一方面能够认识到这些明显不科学不合理的思维方式不仅在学术界存在，而且大有市场；另外为以后类似研究问题的讨论提供了经验和借鉴，使我们可以在学术讨论中避开这些“雷区”。

除了此处总结的表现比较突出的三种不科学思维方式之外，还有一些现象也值得注意，那就是对考古材料信息的过度演绎。傅斯年先生在《历史语言研究所工作之旨趣》中提出的“一分材料出一分货，十分材料出十分货，没有材料便不出货”[③]，一般被考古学者简化为“有一分材料说一分话”，

① 白云翔. 中国古代大型墓葬墓主人判定的理论与实践——以曹操墓等汉代王侯陵墓为例 // 北京市文物保护协会. 北京古都历史文化讲座 (第二辑). 北京: 北京燕山出版社, 2015: 223-248.

② 加强基础研究, 回归学术探讨——曹操高陵考古发现专家座谈会发言摘要. 中国文物报, 2010-10-1 (6-7).

③ 欧阳哲生. 傅斯年全集 (第三卷). 长沙: 湖南教育出版社, 2003: 10.

这已经是历史和考古学者的共识。这要求我们所有的解读都必须建立在现有材料之上，对材料之内的信息要全面细致揭露，而材料之外的“一点也不越过去说”，或者说切忌过度联想和演绎。

可能是由于曹操这个历史人物本身极具故事色彩，在曹操墓考古发现的相关讨论中，无论是支持方还是质疑方都有人对考古材料进行了过度的演绎和联想，并将之作为学术研究观点。例如，七十二疑冢、夏侯惇陪葬高陵、屋形石椁和石棺床等都具有明显演绎色彩，还有学者在认定2号墓中年长女性必为卞后的基础上，进而认为墓中出土的铜印章即为卞后管理“后宫”所用“手形”铜印，出土部分金玉饰品也必为卞后所有等。傅斯年先生说“我们同人中也有些在别处发挥历史哲学或语言泛想，这些都仅可以当作私人的事，不是研究的工作”[①]。这样的演绎可以写入个人文学作品，但是以研究的名目出现在学术论文中，显然是不谨慎的，这也是不容回避的问题。

① 欧阳哲生. 傅斯年全集(第三卷). 长沙: 湖南教育出版社, 2003: 10.

结　　语

1. 曹操高陵研究回顾

作为一个考古领域的学术问题，曹操高陵考古发现引出的热烈争论及其产生的广泛社会影响，不仅在考古学界，甚至在整个人文社科领域大概都属首例。这也是中国考古学家首次如此集中地对一个学术问题发表观点——从各级考古科研机构到各大学考古学院系的不同方向专家都有参与，考古学、历史学、古文字学等各个方向都有涉及。另外在社会上，从大学教授到匿名逃犯，从书画家到不具名网友等，都纷纷在各类媒体上发表自己的见解。这场热度空前的讨论使得考古学这个以往冷门的专业获得了前所未有的关注，刺激和促进了中国公众考古事业的发展，使得更多考古从业者开始思考和实践如何向公众介绍考古方法和研究过程，如何让公众听到考古行业的声音，如何让这个小众专业的成果走向大众；同时也暴露出学术研究中的种种浮躁迹象，发人深省。

如第八章分析的三种不正常的学术思维模式，除了少部分是别有用心之外（即梁满仓所指的宣泄情绪），绝大部分是由于对考古学科的性质、考古学问题的研究方法有所误解造成的。彼时媒体上铺天盖地的“质疑”声中，考古学家虽然努力去发声去释疑，但是声音总是显得太过微弱，因为对于绝大部分公众和以吸引流量为目的的媒体来说，更吸引他们的是惊悚、新奇、震惊的标题，而不是严肃、严谨的科学论证。从媒体影响力角度看，在这场争论中科学家是相对弱势的群体；从社会影响角度来说，科学家一方并没有取胜。虽然自争论开始学术界对于大多数问题都有共识，不同学者在不同场合也重复地发表见解、解难释疑，但是在喧嚣的争论声中并没有引起太多的关注。时至今日，十余年过后，部分公众对曹操墓的考古结论仍然持怀疑态度——各类媒体上类似“曹操墓到底是真是假”的问题至今仍在不断浮现。正如有学者评述——科学这次在网民面前退却了，并没有取得“双赢”结局[①]。

① 胡洪琼. 从曹操高陵之争谈考古学公众化. 兰台世界, 2012 (15).

这种境况使我们不得不开始思考，考古学和公众之间究竟还有多远的距离？考古学的声音究竟如何才能让公众听见？在自媒体愈加发达、发声渠道愈加自由的现代社会，考古学家究竟如何发出自己的声音？对这些问题的思考和实践，将会有力地推动中国公共考古学的发展。

在第三章研究综述的评述部分，我们对2010年至2021年各年度的研究文章、专著数量进行了列表统计（表1）。所有发表的114篇文章中，在新闻发布会（2009年12月27日）到简报问世（2010年8月）期间发表的共计46篇，占所有文章的40%。其中绝大部分质疑观点（所有13篇文章中的7篇，所有2部著作）是在此期间发表。而在这期间所有可供研究的原始材料只有新闻发布会上公布的简短信息和《中国文物报》上刊发的成果介绍。具体的发掘过程、墓葬堆积情况、遗物出土背景、遗物详细种类数量等信息非常有限，而此期间所有的研究，包括质疑观点都是建立在这些极为有限的信息之上。因此在许多正式发表的文章中都能见到以媒体报道或者道听途说的信息为论证依据的不正常现象，更不用说媒体上发表的大量“观点”“看法”“意见”等，一半以上都没有可信的消息来源。

15部相关专著中的13部（除去刘心长2000年和潘伟斌2016年出版的两部著作）都是在此期间出版（或者在此期间成书，出版时间稍晚，如《话说安阳曹操高陵——发现曹操墓》《话说安阳曹操高陵——解密曹操墓》）。其中包括至少5部新闻或者文学类作品、2部论文集、3部发掘者第一人称讲述发掘过程的兼具资料和文学性质的作品。尤其值得注意的是，倪方六和张国安两人各自以质疑观点为基调的著作，都是洋洋数十万言，实际上其中真正就曹操墓问题展开讨论的部分都只占极少一部分。因此，专著的数量虽然很多，真正具有学术价值的却极少。

从简报发表到报告出版之前发表的各类文章一共是55篇，其中包括了6篇质疑观点的文章。而在报告正式出版之后至2021年底，所有公开发表的研究文章只有12篇（包括1篇陵园发掘简报，其余文章中有多篇内容重复者）。

这些数据表明，大部分研究，尤其是持质疑观点的研究，都是发表在资料尚未完全公布之前，或者说建立在十分有限的材料基础之上。而在资料完全发表之后几年间出现的这种"寂静"，一方面可能是由于大部分学者想要表达的观点都已经表述过，另一方面可能是极少有人再去有耐心仔细阅读数百页的发掘报告，从而难以发现研究的新方向。可以肯定地说，在完整材料没有公布之前出现的这种研究热潮是不正常现象。这些公开发表的成果中，除了一部分专家文章是有方向地针对公众疑问进行解难释疑、阐述论证过程之外，有不少是为了跟热度而作。

韩国河在2010年9月指出"随着考古工作的进一步深入，文献记载的汉魏时期曹操高陵陵园的诸多组成要素会逐渐浮现出来，曹操高陵的证据链条将更加清晰"[①]。遗憾的是很多学者并没有用动态的眼光去观察和研究相关问题，也没有耐心等到高陵陵园其他要素逐渐浮现，而是就眼前看到的一幕或者一

① 韩国河. 动态解析曹操高陵. 中国社会科学报, 2010-9-7(18).

个片段就非常有信心地质疑，或者开展深入研究。这并不能算是科学严谨的态度。

回望曹操墓研究的过去十余年，在各方专家的共同指导下，在河南方面考古队伍的不懈努力下，终于如韩国河在2010年所言，文献记载的与高陵相关的诸多要素逐渐浮现——陵墓、陵园、陪葬墓等证据链条更加清晰。而之前依据片段信息提出的各种质疑观点也都不攻自破，之前依据不完整信息而开展的延伸研究也就需要重新思考。

这十余年的研究过程，不仅包括了对新考古线索诸如陵园和陪葬墓的勘探、发掘和确认，也包括了对画像石、DNA等扑朔迷离的证据进行辨析和去伪存真。在完整呈现陵园、陪葬墓，甚至包括探索卞后墓葬位置的关键线索等要素，并将画像石等来源存疑的证据严格筛选之后，呈现的不仅仅是一个完整的汉魏时期帝王陵墓的面貌，也是一个重要考古发现被逐渐认识的过程。

由于各种原因，曹操高陵后续的考古工作进展相对缓慢，新材料的发表也比较滞后，因此给相关研究工作造成了不少困难。然而，缓慢的脚步最终还是跟了上来。新的考古材料终于解开了围绕曹操高陵多年的争议和疑问，展现了这一重要考古发现应有的面貌。

这是一个吹尽狂沙始到金的过程，也是一段守得云开见月明的征程。

2. 尚未解决的问题

本书系统介绍了曹操高陵陵墓、陵园和陪葬墓等考古材料，回顾了十余年来曹操高陵相关研究的发展过程，揭示了曹操高陵的完整历史面貌，使得我们对汉魏时期的帝王陵墓和丧葬习俗有了更加深刻的认识。然而，这并不意味着曹操高陵的相关研究已经完美地画上句号。在前面相关章节，我们都提到了各部分尚未解决的问题，在此再做一概括。

1）陵园建筑布局的完整面貌未能解决。2016～2017年度的陵园大面积发掘确认了陵园建筑的存在，并且揭露了东部和南部部分建筑。但是根据陵墓周围以及闸门沟东部发现的建筑遗迹线索，我们认为在未能发掘的占压区域应当还有建筑遗迹存在，并且与已发现的南部、东部建筑都有密切关系。陵园内建筑的详细布局、功能、礼制特征，神道的具体长度和两侧的建筑特征等问题，尚待进一步的考古工作去解决。

2）卞后祔葬高陵，这是一个需要继续探索的问题。人骨年龄鉴定结果排除了2号墓中年长女性为卞后的可能性，新的考古工作结果也排除了1号墓安葬卞后的可能性。但是作为曹操高陵直接相关的历史活动之一，也需要予以解答。陵园东北角发现的墓葬在年代、规格、下葬时间等各个方面的特征使我们推测极有可能就是解决这个问题的关键线索，但是在完全揭露墓葬真实情况之前，也只能是作为一种可能的线索存在。而此墓葬相关问题的最终解决，也将是今后曹操高陵相关研究中再次取得突破的机会。

3）曹冲合葬高陵的问题也需要继续研究。作为仅有的两个明确记载合葬高陵的曹操近亲之一，曹冲的问题在这场讨论中并未得到太多关注（可能是本身在历史上的影响较小），但却是不能回避的问题。目前为止，即使是在大面积的考古勘探中也未能发现相关线索。陵园西部大面积已经被取土破坏，同时取土坑还直接破坏了一座陪葬墓。虽然不能排除曹冲墓葬已经被取土活动彻底破坏无存的可能性，但陵园附近和内部还有未能勘探或未发掘区域，这一问题目前仍然只能暂时作为疑问留存。

4）曹操高陵的二次葬问题还需要从考古学角度去分析。考古发掘报告的第278页介绍了墓道部分与二次葬有关的迹象，可以肯定二次葬活动的存在。与此同时还有一个现象值得注意，即墓葬前室的北侧室，其形状（四角攒尖顶）与其他三个侧室（券顶）完全不同，并且墙壁完全没有勾缝，也没有任何白灰涂抹的痕迹。发掘者认为可能是由于下葬季节原因，未能完成墙壁的粉刷工作。我们认为这种情形可能也与二次葬活动有关，该侧室可能是在二次下葬过程中改建，因此其形状和装饰与其他各室出现差异。二次葬活动除了在墓道、墓室结构上留下迹象之外，很可能也在随葬品中留下线索。第一章对随葬陶瓷器的分析中可以看到，明显有东汉晚期和魏晋时期两种不同风格的陶器和瓷器同时存在，这些器物是否也能仔细分成不同的组别，代表不同时间下葬的器物，也值得从器物类型学角度去继续探索。

5）碎块画像石的来源还需要继续研究。在关于画像石的分析中，我们认为所谓的“屋形石椁”是因为画像石材料混淆而产生的说法，建筑构件画像石很有可能全部来自墓葬顶层的夯土层中。而这些石材可能是拆自某一处类似祠堂式的画像石建筑，二次加工（作为墓葬铺地石）之后的废料大块填在墓顶夯土层中，小块碎片散落在墓葬附近。由于墓顶夯土层没有被完全发掘，大量的画像石废料应该还存在于夯土层中。故目前对已发现碎块画像石的拼对很难取得实质性进展，其最初的来源问题也难以在短时间内得到解决。

6）西门豹祠遗址的始建年代问题需要通过考古发掘去解决。关于曹操高陵的两个辅证，也是被质疑最多的两个证据，就是鲁潜墓志和西门豹祠遗址。鲁潜墓志的出土地早已破坏不可寻，因此无法继续开展深入研究。北丰村的西门豹祠遗址中部还保留巨大的土丘。2010～2011年考古人员在调查勘探过程中曾经对土丘进行勘探和部分解剖观察，发现最上部为近代建筑基础，向下叠压着多层不同年代的建筑基址。由于该遗址并不在当时的工作计划范围内，因此并未对其进行深入发掘研究。初步工作发现的迹象说明该遗址的延续时间较长，并且晚期建筑没有彻底破坏早期建筑的基础，进一步的发掘应当能够确认其始建年代。今后在条件允许的情况下可以考虑对该遗址进行详细发掘，应当能够确认其最早的建筑年代，从而对相关问题有个科学解答。

曹操高陵的相关考古和研究工作并未到此结束，这些尚未解决的疑问都是今后继续开展曹操高陵相关考古工作的方向。这些问题的逐步解决，也必将把曹操高陵以及汉魏时期帝王陵墓制度的研究推向一个新的阶段。

后　记

大部分读者看到这本书的作者可能会产生疑问：此前负责曹操高陵考古发掘工作以及开展相关研究的都是著名学者，并没有出现过这样一个人，那么这个研究结果可信吗？在这里我想先简单介绍一下背后的故事。

确实，我本来与曹操高陵相关考古工作并无关联。2009年底曹操高陵考古发现新闻发布会之前，所里临时安排我和同事武志江一起到北京协助会务工作，这是我首次接触曹操高陵相关材料。发布会结束之后大家回到各自岗位，高陵的后续工作继续由潘伟斌研究员负责实施。随着考古发现的公布，社会关注度越来越高，陵园及相关遗迹的调查勘探工作也亟须开展。之前的考古队伍要继续陵墓本身的发掘清理和后续研究，无暇兼顾陵园相关工作。因为我的专业方向是秦汉考古，所领导就安排我去开展调查勘探，这是我正式参与该项目的背景。

2010年5月，时任河南省文物考古研究所第三研究室主任的刘海旺副研究员带着从内黄三杨庄遗址临时抽调的队员先行进驻西高穴村，启动前期调查。我赶到之后，从刘海旺副研究员手中接过队伍，全面开始陵园的调查和勘探。2010年底，陵园相关勘探工作基本结束。如第二章第一节的小结部分所指出，勘探出的遗迹线索存在很多我们自己都不能理解的现象，比如奇怪的陵园结构、陵墓前方大片空地等。为了避免给相关研究造成误导，也为了避免再引起不必要的争论，这些资料暂未公开发表。

2011年，我们继续扩大勘探范围以寻找陪葬墓等相关线索。在高陵周围数十万平方米的范围内发现了数百座不同时期的墓葬，这些墓葬规模普遍较小、分布密集、年代差距大，并且与高陵主墓葬都有一定距离，很难判断哪些墓葬可能与高陵存在关联。直到所有迹象经过测绘都落到图纸上，这才发现取土坑西部台地上有四座坐西向东的墓葬与西高穴2号墓，也就是曹操高陵完全在一条东西向直线上。而这四座墓葬也是勘探发现的为数不多的坐西向东墓葬。此时初步判断这四座墓葬可能是高陵的陪葬墓。

2012年，经报请国家文物局批准，我们对陵园西部勘探发现的晚期建筑基址小部分和其中一座编号M4的疑似陪葬墓进行了发掘。晚期建筑遗址的遗存异常丰富，砖砌房屋基础保存很好，出土遗物数量大、种类丰富，尤其是大型的釉陶和灰陶建筑构件使我们意识到此处可能不是一般的民居。大量的瓷器和钱币都将遗存的年代定在宋元时期——这种现象很有可能与文献记载的北宋守陵户有关。这些材料目前还在整理之中，计划出版专项报告。

编号M4的这座疑似陪葬墓在开口层面有一个晚期坑洞直接通向墓室正中，一度让大家怀疑是个盗洞。坑洞在墓室中部清理完毕，下部墓葬填土并没有扰动迹象，这时大家才完全放心。层位和形制特征表明该墓葬年代为东汉时期，填土内出土的汉代卷云纹瓦当与前期在陵园内发现的一样，使我们确认这座墓葬肯定与高陵有关联。为了科学安排发掘进度和提前准备安全防护措施，我们一边向下清理墓室填土一边勘探确认墓顶的深度。根据墓圹的平面形状，我们判断主室应当是中心高四面低的砖砌穹隆顶结构。但是在终于探到砖时，却发现中间和四周所有探孔中砖的深度几乎一样。这个时代显然不可能再有平顶空心砖墓，因此这种情况就让人十分费解。发掘的结果是一坑厚度近1米的碎砖头堆积，实在出乎意料，所有赴现场指导和验收的专家也很困惑。

对这层碎砖堆积进行了部分解剖清理后，发现了底部砖砌墓室的轮廓痕迹，而且在西南角还留有一小块砖墙结构——我们根据这些线索判断这是一座建成后未经使用就废弃的墓葬。墓道中填埋的汉代卷云纹瓦当，尤其是带彩绘的墙皮，显然是来自某些大体量、高规格的建筑物。前期勘探和2012年度发掘结果表明，这些建筑不在M4附近，最有可能是在东部的陵园。然而陵园在此前只进行过小部分发掘，并未发现明确的建筑遗迹，无法与这些现象直接联系起来。考虑到这些碎片化的信息发布之后可能会给相关争议带来更多杂音，我们遵从专家建议，在未完全弄清之前暂不公开这些材料。

2016年，为了配合曹操高陵保护展示工程建设，在专家组的坚持下，我们终于有机会对陵园的大部分区域进行全面发掘。从2016年10月到2017年5月，持续半年多的发掘揭露了陵园的基本结构和部分建筑遗迹。如发掘简报中介绍，此次发掘厘清了之前一直存在的诸多疑惑：陵园结构、1号墓和2号墓关系、陵园与闸门沟关系、陵园东北部夯土遗迹的性质等。同时，对陵园建筑和毁陵行为的确认，尤其是几块完整卷云纹瓦当的发现，终于使我们对西部陪葬墓M4发现的相关现象有了合理解释。至此，陵墓、陵园、陪葬墓整个逻辑链条就变得十分清晰：在规划陵园之时也规划了陪葬墓，黄初三年陵园寝殿毁弃的同时终止了陪葬计划，已经规划或者部分建好的陪葬墓就地拆毁，陵园拆毁的建筑材料有一部分回填在了废弃陪葬墓中。在这些材料的支持下，此时再回顾那些年的争论，很多一度受到追捧附和的质疑观点都不攻自破。

在对相关研究问题进行梳理的过程中，我们也逐渐意识到是时候对这个问题进行一个阶段性总结了，于是2018年我申请了国家社会科学基金青年项目并获得立项，随后开始了这个课题的研究。

2010～2011年，关于曹操高陵的争论最热之时，我并没有发表相关文章参与讨论，尽管当时已经直接参与了相关田野工作。刘庆柱、白云翔、韩国河等全国各地著名考古和历史专家已经在不同场合反复解释阐述既有考古材料，对于各种考古学问题已经说得非常清楚全面，实在很难再找到新的切入点。而当时一直存在争议的问题，如陪葬墓、画像石、卞后等，在没有新考古材料的情况下，也根本无法给出令人信服的解答。彼时我手头掌握的陵园、陪葬墓等材料，都是片段式信息，并未形成完整逻辑链条——自己尚不能解释清楚，自然不能拿出来参与讨论。但是这并不意味着放弃对这个问题的关注，我一直期待着能够为相关问题提交一份出色的答卷。因此我一直在关注相关材料发布情况和相关研究的新进展。即使在中途学习生物考古期间，也在尝试从DNA和年龄鉴定等多个角度重新审视相关成果，并且观察国外类似考古问题的争议及处理思路。

在经过多年酝酿之后，终于拿出了眼前这部拙著。这些文字中，除了对墓葬材料的简述、陵园和陪葬墓新材料的公布之外，有一部分内容是对前期研究的回顾和综述。正常来说这应该是发掘报告的一部分，遗憾的是2016年出版的报告本身体量已经很大，无法再收录这些内容。所以我就在本书中越俎代庖，完成了这项工作。在关于画像石、卞后的相关讨论中，不少内容涉及对前期发表的资料和研究成果的商榷。这并不代表我对前期成果的否定，反而是出于对一直致力于曹操高陵发掘和研究的各位前辈学者的尊重。因为尊重，我们才要努力使相关证据的面貌更清晰，使相关问题的论证更完善。

在学术研究之外，一直有个问题在我脑中萦绕：为什么当时在学术界只占极少数的质疑声音却能够在社会上引起轩然大波？为什么学术界占绝对优势的专家观点传播极少，我们的专家反而要疲于奔命地去释疑去回应，显得非常被动？这个时候我开始意识到，在新媒体高度发达的今天，考古学者必须要学会适应新环境，学会利用新媒体平台向公众介绍自己的研究成果，发出自己的声音。于是在院领导的支持下，我和部分同事开始尝试以微博自媒体平台为媒介开展公众考古活动，并进行了诸多实践。事实证明，这是十分有效的。

2018年初，在《华夏考古》刊发了曹操高陵陵园发掘简报之后，河南省文物考古研究院官方微信、微博，以及新华社、河南日报等官方媒体都介绍了这一成果。但是2018年3月25日（周日）有一条消息很快传遍海内外网络，迅速掀起轩然大波——曹操墓有新进展，遗骸基本被确认。

这显然是一个讹传，而讹传的起源是在一个采访中有记者问到曹操的遗骨问题（2018年参与采访的年轻记者对当年曹操墓大讨论已经完全陌生）。我们告诉他遗骨在2009年已经被发现并确认，但是另一家影响力很大、并没有直接采访我方的媒体在转发相关消息时直接忽略了时间，掐头去尾给出了这样吸引眼球的报道题目。这一信息的传播速度十分惊人，3月25日下午半天时间内，除了传遍中国大小媒体之外，新加坡的中文媒体也纷纷转载，并且各种离奇标题也开始出现，迅速成为媒体热搜。按照当时的趋势，很有可能发展成另一场关于曹操墓的社会舆论事件。

这个时候我们已经具有一定的媒体经验，也有了自己的官方新媒体平台，并且跟国内的文博行业官方平台组成矩阵，形成了良好的互动。在发现消息已经走偏的第一时间，我们立即联系到最初发出这个错误消息的媒体，要求他们修改相关内容以免造成进一步的不良影响。3月25日晚上9点，我院官方微博平台“河南考古”发布详细情况和辟谣信息，文博新媒体矩阵协助转发。大约在采取措施不到十个小时的时间之后，“河南考古官方辟谣”登上新浪微博热搜榜（当时任何人搜索“河南考古”或者“曹操墓”相关消息，自动出来的第一个推荐就是“河南考古官方辟谣”）。随着各大主流媒体平台的相继转发传播，信息走偏的趋势被成功扭转，在舆论进一步发酵之前，成功处理了这次潜在的危机，并没有造成不良影响。当然，个别媒体在攫取片段信息误导社会舆论方面的巨大影响力也让人心有余悸。

由于这些问题与研究工作无关，因此也就没有在文中专门表述。借此位置略作介绍，是希望能够为同行机构和学者提供一些经验。经历此次事件之后，我们更加深刻地认识到考古行业和考古机构在建设自己的发声平台、学会与媒体对话等方面的紧迫需要。学术问题要遵循学术规范，在专业学术平台上开展讨论，但是类似这种媒体和舆论方面的问题就必须要学会用媒体的方式来解决。这些年来越来越多的同行学者注意到这个问题，考古文博行业的新媒体事业也是蒸蒸日上，公众考古工作已经取得初步成果。学者们一方面利用新媒体平台向大众介绍考古新发现，拉近考古与公众的距离；另一方面也利用这些平台开展科普活动，宣传正确的考古历史知识，逐渐形成了本行业的影响力。我们相信，在大家的共同努力之下，类似当年那种专业学者在媒体上完全被动的局面再也不会出现。

2010～2012年，时任河南省文物考古研究所副所长张志清研究员和第三研究室主任刘海旺副研究员先后担任曹操高陵陵园和陪葬墓相关考古项目总负责人，我在两位前辈的指导下开展具体工作。2016～2017年的发掘，我开始独立担任负责人。

伦凤军、杨占杰、伦好芝、杨明宝、余劲、王廷才、贾立宝、张宗攀、王从奎、刘洋、李阳、孔维鹏、李航、李世伟等先后参与该项目的勘探和发掘工作。安阳师范学院考古学系2014级部分本科生于2016年底参加了陵园的全面发掘工作。洛阳马坡村考古勘探技师杨孬及队员们先后数次来高陵勘探，尤其是最后确认陵园东北角夯土遗迹性质的时候，每个探孔都需要打到十多米深度，他们精湛的勘探技术发挥了重要作用。安阳市文物局局长李晓阳，安阳市文物考古研究所所长孔德铭、副所长申明清，曹操高陵管理委员会钟琪、汤云飞、武晓敏等安阳当地的领导和同事为我们提供了全程后勤协调服务，使我们有一个良好的环境完成各项工作。郑州大学刘庆柱教授、韩国河教授，河南省文物局贾连敏副局长，河南省文物考古学会孙英民会长，河南省文物考古研究院原院长孙新民研究员、科技考古研究室主任胡永庆研究员、公众考古中心主任马俊才研究员等领导和专家先后数次到现场指导发掘工作和参加咨询会，为这个项目的顺利进行提供了宝贵的建议。

先后参加这一项目的同事中，有的已经离开了这个行业，有的已经走上新的考古工作岗位，希望在曹操高陵工作的这一段经历能够成为大家宝贵的记忆。曹操高陵的陵园和陪葬墓等考古遗存的面貌能够得以全面呈现，相关研究能够得以推动到现在这个高度，离不开他们每一个人的努力。

作为国家社会科学基金青年项目“曹操高陵及陵园综合研究”的成果，本书的文稿在提交结项验收之后收到五位匿名专家的评审意见。专家们肯定了成果的价值，同时对书稿的题目、结构及内容都提出了重要的修改意见和建议。这些宝贵的意见和建议使我能够进一步完善文稿，最终拿出眼前的这本书。

受我的学识和文笔所限，书中引用的材料可能不完整，相关认识可能存在缺陷，某些观点的表达可能也有不当之处，恳请同行学者批评指正！

感谢郑州大学韩国河教授在百忙之中为本书作序，并提出宝贵的修改意见。

最后，谨以此书向每一位关注曹操高陵考古工作和为相关工作做出贡献的同事、朋友们致谢。

2024年2月18日

图　版

图版1　曹操高陵地形地貌

图版2　曹操高陵墓道两侧遗迹（上北下南，发掘前）

图版3　曹操高陵墓道（东向西）

图版4　曹操高陵墓室铺地石背面画像

（河南省文物考古研究院. 曹操高陵. 北京：中国社会科学出版社，2016.）

图版5　曹操高陵墓室前室

图版6　曹操高陵出土部分圭形刻铭石牌

图版7　曹操高陵出土刻铭石牌

图版8　曹操高陵出土部分六边形刻铭石牌

图版10　曹操高陵出土饰品

图版9　曹操高陵出土
“魏武王”刻铭石牌

图版 11　曹操高陵出土盆形陶尊（M2：408）

图版 12　曹操高陵出土陶壶（M2：419）

图版 13　曹操高陵出土陶井（M2：375）

图版 14　曹操高陵出土陶灶（M2：374）

图版 15　曹操高陵出土白瓷罐（M2：370)

图版 16　曹操高陵出土青瓷罐（M2：369)

图版 17　曹操高陵出土酱釉瓷罐（M2：396)

图版 18　曹操高陵出土青瓷罐（M2：392)

图版 19　曹操高陵出土陶鼎（M2：372）

图版20　M1北侧夯土基槽

图版21　M2南侧夯土基槽

图版22　M2南侧夯土基槽中的夯窝

图版23　M2墓道东部试掘区域位置

图版24　陵园试掘发现的画像石碎片

图版25　陵园内出土建筑遗物

图版26　陵园内周基槽南段剖面

图版27　陵园外周基槽南段剖面

图版28　陵园外周基槽北段剖面

图版29　陵园神道

图版30　陵园东部建筑遗迹航拍

图版31　陵园南部建筑遗迹航拍

图版32　高陵陵园出土瓦当

图版33　陵园内周北段基槽与M1关系

图版34　M4平面形状（西向东）

图版35　M4墓道两侧的砖砌遗迹（东向西）

图版36　M4墓道坡底上长方形脚坑

图版37　M4墓道

图版38　M4坑洞遗迹延伸到墓室中部

图版39　M4填土出土卷云纹瓦当

图版40　M4墓道底部堆积中的白灰墙皮

图版41　M4墓道中填埋的白灰墙皮

图版42　M4墓室底部砖块堆积的顶部（全景）

图版43　M4墓室底部砖块堆积（北侧室）

图版44　M4墓室底部砖块堆积（局部特征）

图版45　M4墓室底部砖块堆积（从墓道方向拍摄）

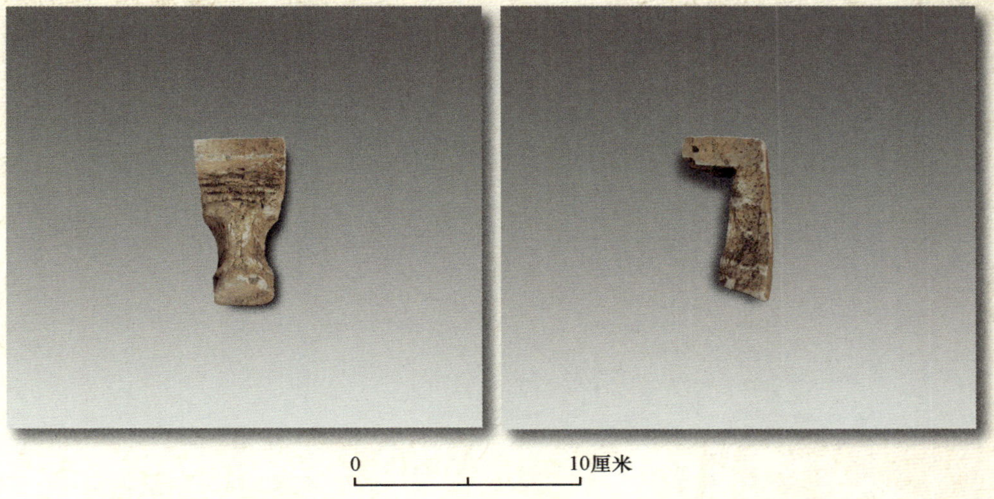

图版46　M4填土出土陶案足

图版47　M4北侧室东边部分清理

图版48　M4主室东侧和南侧清理到底

图版49　M4墓室入口位置残留的铺地砖

图版50　M4墓室底部的砖砌轮廓

图版51　M4墓室边缘留存的砖砌墙体

图版52　陵园西部晚期建筑的砖砌排水管道

图版53　陵园西部晚期建筑的砖砌排水管道

图版54　陵园西部建筑遗址出土建筑构件

图版55　陵园西部建筑遗址出土建筑构件

图版56　陵园西部建筑遗址出土建筑构件

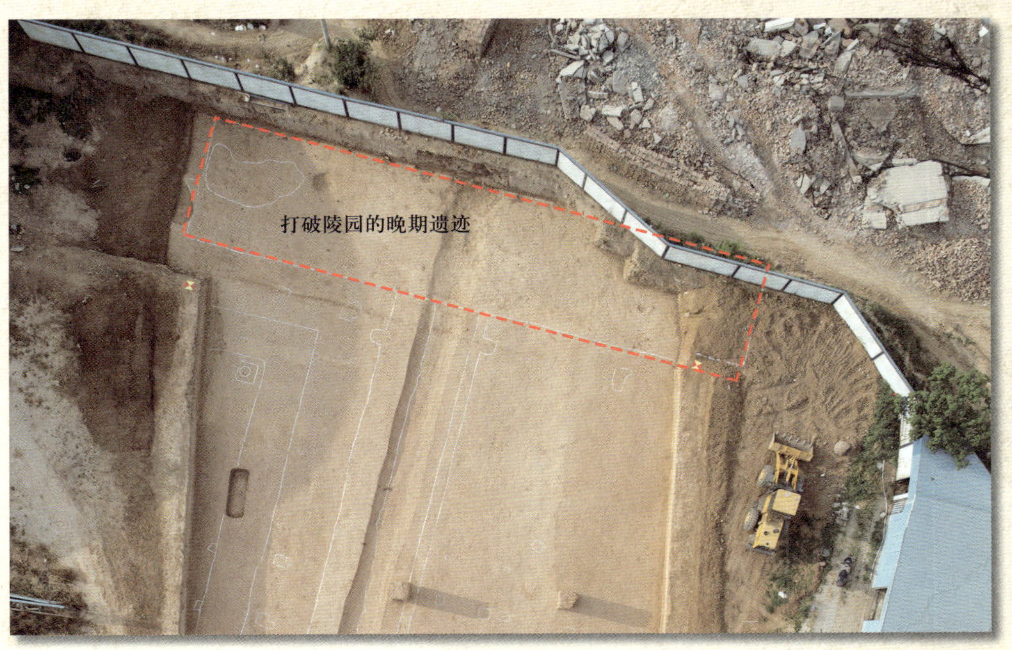

图版57　陵园东北角的晚期遗迹

图版58　发现遗迹的柱孔位置

图版59　13米深度柱孔壁上的砖砌结构痕迹

图版60　13米深度柱孔壁上的砖砌结构痕迹